油气矿业权登记管理
常用法律法规汇编

自然资源部油气资源战略研究中心　编

地质出版社

·北　京·

图书在版编目（CIP）数据

油气矿业权登记审批常用法律法规汇编／自然资源部油气资源战略研究中心编. — 北京：地质出版社，2019. 12

ISBN 978-7-116-11939-0

Ⅰ. ①油… Ⅱ. ①自… Ⅲ. ①油气开采-矿产权-产权登记-法律-汇编-中国 Ⅳ. ①D922. 629

中国版本图书馆 CIP 数据核字（2020）第 005638 号

YOUQI KUANGYEQUAN DENGJI SHENPI CHANGYONG FALÜ FAGUI HUIBIAN

责任编辑：孙　灿　相洪波
责任校对：张　冬
出版发行：地质出版社
社址邮编：北京市海淀区学院路 31 号，100083
电　　话：(010) 66554649（邮购部）；(010) 66554610（编辑室）
网　　址：http：//www. gph. com. cn
传　　真：(010) 66554607
印　　刷：北京地大彩印有限公司
开　　本：787mm×1092mm　1/32
印　　张：9. 75
字　　数：260 千字
版　　次：2019 年 12 月北京第 1 版
印　　次：2019 年 12 月北京第 1 次印刷
定　　价：58. 00 元
书　　号：ISBN 978-7-116-11939-0

《油气矿业权登记审批常用法律法规汇编》
编　委　会

刘　立　　韩亚琴　　司　芗

姚　星　　毛俊莉　　张昊泽

冯向娜

前　　言

　　为促进油气矿业权登记审批工作的标准化和规范化，深入贯彻落实习近平总书记全面依法治国的新理念新思想新战略和党的十九大关于深化依法治国实践的新要求，进一步推动提升油气矿业权及油气资源管理的依法行政意识和能力，自然资源部油气资源战略研究中心对油气矿业权登记审批管理领域的法律、行政法规、部门规章进行了梳理，选取较为常用的法律法规，编辑出版了《油气矿业权登记审批常用法律法规汇编》，以便于各级油气资源管理部门和行政管理相对人使用。

　　由于时间仓促和水平有限，本书难免存在疏漏之处，敬请批评指正。

自然资源部油气资源战略研究中心

2019 年 11 月

目　　录

第一部分　法律法规

第二部分　国务院行政法规及文件

第三部分　油气矿业权登记审批规范性文件

第一部分

法 律 法 规

中华人民共和国矿产资源法

（1986年3月19日第六届全国人民代表大会常务委员会第十五次会议通过 根据1996年8月29日第八届全国人民代表大会常务委员会第二十一次会议《关于修改〈中华人民共和国矿产资源法〉的决定》第一次修正 根据2009年8月27日第十一届全国人民代表大会常务委员会第十次会议《关于修改部分法律的决定》第二次修正 中华人民共和国主席令第18号公布 自2009年8月27日起施行）

第一章 总 则

第一条 为了发展矿业，加强矿产资源的勘查、开发利用和保护工作，保障社会主义现代化建设的当前和长远的需要，根据中华人民共和国宪法，特制定本法。

第二条 在中华人民共和国领域及管辖海域勘查、开采矿产资源，必须遵守本法。

第三条 矿产资源属于国家所有，由国务院行使国家对矿产资源的所有权。地表或者地下的矿产资源的国家所有权，不因其所依附的土地的所有权或者使用权的不同而改变。

国家保障矿产资源的合理开发利用。禁止任何组织或者个人用任何手段侵占或者破坏矿产资源。各级人民政府必须加强矿产资源的保护工作。

勘查、开采矿产资源，必须依法分别申请、经批准取得探矿权、采矿权，并办理登记；但是，已经依法申请取得采矿权的矿山企业在划定的矿区范围内为本企业的生产而进行的勘查除外。国家保护探矿权和采矿权不受侵犯，保障矿区和勘查作业区的生产秩序、工作秩序不受影响和破坏。

从事矿产资源勘查和开采的，必须符合规定的资质条件。

第四条 国家保障依法设立的矿山企业开采矿产资源的合法权益。

国有矿山企业是开采矿产资源的主体。国家保障国有矿业经济的巩固和发展。

第五条 国家实行探矿权、采矿权有偿取得的制度；但是，国家对探矿权、采矿权有偿取得的费用，可以根据不同情况规定予以减缴、免缴。具体办法和实施步骤由国务院规定。

开采矿产资源，必须按照国家有关规定缴纳资源税和资源补偿费。

第六条 除按下列规定可以转让外，探矿权、采矿权不得转让：

（一）探矿权人有权在划定的勘查作业区内进行规定的勘查作业，有权优先取得勘查作业区内矿产资源的采矿权。探矿权人在完成规定的最低勘查投入后，经依法批准，可以将探矿权转让他人。

（二）已取得采矿权的矿山企业，因企业合并、分立，与他人合资、合作经营，或者因企业资产出售以及有其他变更企业资产产权的情形而需要变更采矿权主体的，经依法批准可以将采矿权转让他人采矿。

前款规定的具体办法和实施步骤由国务院规定。

禁止将探矿权、采矿权倒卖牟利。

第七条 国家对矿产资源的勘查、开发实行统一规划、合理布局、综合勘查、合理开采和综合利用的方针。

第八条 国家鼓励矿产资源勘查、开发的科学技术研究，推广先进技术，提高矿产资源勘查、开发的科学技术水平。

第九条　在勘查、开发、保护矿产资源和进行科学技术研究等方面成绩显著的单位和个人，由各级人民政府给予奖励。

第十条　国家在民族自治地方开采矿产资源，应当照顾民族自治地方的利益，做出有利于民族自治地方经济建设的安排，照顾当地少数民族群众的生产和生活。

民族自治地方的自治机关根据法律规定和国家的统一规划，对可以由本地方开发的矿产资源，优先合理开发利用。

第十一条　国务院地质矿产主管部门主管全国矿产资源勘查、开采的监督管理工作。国务院有关主管部门协助国务院地质矿产主管部门进行矿产资源勘查、开采的监督管理工作。

省、自治区、直辖市人民政府地质矿产主管部门主管本行政区域内矿产资源勘查、开采的监督管理工作。省、自治区、直辖市人民政府有关主管部门协助同级地质矿产主管部门进行矿产资源勘查、开采的监督管理工作。

第二章　矿产资源勘查的登记和开采的审批

第十二条　国家对矿产资源勘查实行统一的区块登记管理制度。矿产资源勘查登记工作，由国务院地质矿产主管部门负责；特定矿种的矿产资源勘查登记工作，可以由国务院授权有关主管部门负责。矿产资源勘查区块登记管理办法由国务院制定。

第十三条　国务院矿产储量审批机构或者省、自治区、直辖市矿产储量审批机构负责审查批准供矿山建设设计使用的勘探报告，并在规定的期限内批复报送单位。勘探报告未经批准，不得作为矿山建设设计的依据。

第十四条　矿产资源勘查成果档案资料和各类矿产储量的统计资料，实行统一的管理制度，按照国务院规定汇交或者填报。

第十五条　设立矿山企业，必须符合国家规定的资质条件，并依照法律和国家有关规定，由审批机关对其矿区范围、矿山设计或者开采方案、生产技术条件、安全措施和环境保护措施等进行审查；审查合格的，方予批准。

第十六条　开采下列矿产资源的，由国务院地质矿产主管部门审批，并颁发采矿许可证：

（一）国家规划矿区和对国民经济具有重要价值的矿区内的矿产资源；

（二）前项规定区域以外可供开采的矿产储量规模在大型以上的矿产资源；

（三）国家规定实行保护性开采的特定矿种；

（四）领海及中国管辖的其他海域的矿产资源；

（五）国务院规定的其他矿产资源。

开采石油、天然气、放射性矿产等特定矿种的，可以由国务院授权的有关主管部门审批，并颁发采矿许可证。

开采第一款、第二款规定以外的矿产资源，其可供开采的矿产的储量规模为中型的，由省、自治区、直辖市人民政府地质矿产主管部门审批和颁发采矿许可证。

开采第一款、第二款和第三款规定以外的矿产资源的管理办法，由省、自治区、直辖市人民代表大会常务委员会依法制定。

依照第三款、第四款的规定审批和颁发采矿许可证的，由省、自治区、直辖市人民政府地质矿产主管部门汇总向国务院地质矿产主管部门备案。

矿产储量规模的大型、中型的划分标准，由国务院矿产储量审批机构规定。

第十七条　国家对国家规划矿区、对国民经济具有重要价值的矿区和国家规定实行保护性开采的特定矿种，实行有计划的开采；未经国务院有关主管部门批准，任何单位和个人不得开采。

第十八条　国家规划矿区的范围、对国民经济具有重要价值的矿区的范围、矿山企业矿区的范围依法划定后，由划定矿区范围的主管机关通知有关县级人民政府予以公告。

矿山企业变更矿区范围，必须报请原审批机关批准，并报请原颁发采矿许可证的机关重新核发采矿许可证。

第十九条　地方各级人民政府应当采取措施，维护本行政区域内的国有矿山企业和其他矿山企业矿区范围内的正常秩序。

禁止任何单位和个人进入他人依法设立的国有矿山企业和其他矿山企业矿区范围内采矿。

第二十条　非经国务院授权的有关主管部门同意，不得在下列地区开采矿产资源：

（一）港口、机场、国防工程设施圈定地区以内；

（二）重要工业区、大型水利工程设施、城镇市政工程设施附近一定距离以内；

（三）铁路、重要公路两侧一定距离以内；

（四）重要河流、堤坝两侧一定距离以内；

（五）国家划定的自然保护区、重要风景区，国家重点保护的不能移动的历史文物和名胜古迹所在地；

（六）国家规定不得开采矿产资源的其他地区。

第二十一条　关闭矿山，必须提出矿山闭坑报告及有关采掘工程、安全隐患、土地复垦利用、环境保护的资料，并按照国家规定报请审查批准。

第二十二条　勘查、开采矿产资源时，发现具有重大科学文化价值的罕见地质现象以及文化古迹，应当加以保护并及时报告有关部门。

第三章　矿产资源的勘查

第二十三条　区域地质调查按照国家统一规划进行。区域地质调查的报告和图件按照国家规定验收，提供有关部门使用。

第二十四条 矿产资源普查在完成主要矿种普查任务的同时，应当对工作区内包括共生或者伴生矿产的成矿地质条件和矿床工业远景做出初步综合评价。

第二十五条 矿床勘探必须对矿区内具有工业价值的共生和伴生矿产进行综合评价，并计算其储量。未作综合评价的勘探报告不予批准。但是，国务院计划部门另有规定的矿床勘探项目除外。

第二十六条 普查、勘探易损坏的特种非金属矿产、流体矿产、易燃易爆易溶矿产和含有放射性元素的矿产，必须采用省级以上人民政府有关主管部门规定的普查、勘探方法，并有必要的技术装备和安全措施。

第二十七条 矿产资源勘查的原始地质编录和图件，岩矿心、测试样品和其他实物标本资料，各种勘查标志，应当按照有关规定保护和保存。

第二十八条 矿床勘探报告及其他有价值的勘查资料，按照国务院规定实行有偿使用。

第四章 矿产资源的开采

第二十九条 开采矿产资源，必须采取合理的开采顺序、开采方法和选矿工艺。矿山企业的开采回采率、采矿贫化率和选矿回收率应当达到设计要求。

第三十条 在开采主要矿产的同时，对具有工业价值的共生和伴生矿产应当统一规划，综合开采，综合利用，防止浪费；对暂时不能综合开采或者必须同时采出而暂时还不能综合利用的矿产以及含有有用组分的尾矿，应当采取有效的保护措施，防止损失破坏。

第三十一条 开采矿产资源，必须遵守国家劳动安全卫生规定，具备保障安全生产的必要条件。

第三十二条　开采矿产资源，必须遵守有关环境保护的法律规定，防止污染环境。

开采矿产资源，应当节约用地。耕地、草原、林地因采矿受到破坏的，矿山企业应当因地制宜地采取复垦利用、植树种草或者其他利用措施。

开采矿产资源给他人生产、生活造成损失的，应当负责赔偿，并采取必要的补救措施。

第三十三条　在建设铁路、工厂、水库、输油管道、输电线路和各种大型建筑物或者建筑群之前，建设单位必须向所在省、自治区、直辖市地质矿产主管部门了解拟建工程所在地区的矿产资源分布和开采情况。非经国务院授权的部门批准，不得压覆重要矿床。

第三十四条　国务院规定由指定的单位统一收购的矿产品，任何其他单位或者个人不得收购；开采者不得向非指定单位销售。

第五章　集体矿山企业和个体采矿

第三十五条　国家对集体矿山企业和个体采矿实行积极扶持、合理规划、正确引导、加强管理的方针，鼓励集体矿山企业开采国家指定范围内的矿产资源，允许个人采挖零星分散资源和只能用作普通建筑材料的砂、石、黏土以及为生活自用采挖少量矿产。

矿产储量规模适宜由矿山企业开采的矿产资源、国家规定实行保护性开采的特定矿种和国家规定禁止个人开采的其他矿产资源，个人不得开采。

国家指导、帮助集体矿山企业和个体采矿不断提高技术水平、资源利用率和经济效益。

地质矿产主管部门、地质工作单位和国有矿山企业应当按照积极支持、有偿互惠的原则向集体矿山企业和个体采矿提供地质资料和技术服务。

第三十六条　国务院和国务院有关主管部门批准开办的矿山企业矿区范围内已有的集体矿山企业，应当关闭或者到指定的其他地点开采，由矿山建设单位给予合理的补偿，并妥善安置群众生活；也可以按照该矿山企业的统筹安排，实行联合经营。

第三十七条　集体矿山企业和个体采矿应当提高技术水平，提高矿产资源回收率。禁止乱挖滥采，破坏矿产资源。

集体矿山企业必须测绘井上、井下工程对照图。

第三十八条　县级以上人民政府应当指导、帮助集体矿山企业和个体采矿进行技术改造，改善经营管理，加强安全生产。

第六章　法律责任

第三十九条　违反本法规定，未取得采矿许可证擅自采矿的，擅自进入国家规划矿区、对国民经济具有重要价值的矿区范围采矿的，擅自开采国家规定实行保护性开采的特定矿种的，责令停止开采、赔偿损失，没收采出的矿产品和违法所得，可以并处罚款；拒不停止开采，造成矿产资源破坏的，依照刑法有关规定对直接责任人员追究刑事责任。

单位和个人进入他人依法设立的国有矿山企业和其他矿山企业矿区范围内采矿的，依照前款规定处罚。

第四十条　超越批准的矿区范围采矿的，责令退回本矿区范围内开采、赔偿损失，没收越界开采的矿产品和违法所得，可以并处罚款；拒不退回本矿区范围内开采，造成矿产资源破坏的，吊销采矿许可证，依照刑法有关规定对直接责任人员追究刑事责任。

第四十一条　盗窃、抢夺矿山企业和勘查单位的矿产品和其他财物的，破坏采矿、勘查设施的，扰乱矿区和勘查作业区的生产秩序、工作秩序的，分别依照刑法有关规定追究刑事责任；情节显著轻微的，依照治安管理处罚法有关规定予以处罚。

第四十二条 买卖、出租或者以其他形式转让矿产资源的，没收违法所得，处以罚款。

违反本法第六条的规定将探矿权、采矿权倒卖牟利的，吊销勘查许可证、采矿许可证，没收违法所得，处以罚款。

第四十三条 违反本法规定收购和销售国家统一收购的矿产品的，没收矿产品和违法所得，可以并处罚款；情节严重的，依照刑法有关规定，追究刑事责任。

第四十四条 违反本法规定，采取破坏性的开采方法开采矿产资源的，处以罚款，可以吊销采矿许可证；造成矿产资源严重破坏的，依照刑法有关规定对直接责任人员追究刑事责任。

第四十五条 本法第三十九条、第四十条、第四十二条规定的行政处罚，由县级以上人民政府负责地质矿产管理工作的部门按照国务院地质矿产主管部门规定的权限决定。第四十三条规定的行政处罚，由县级以上人民政府工商行政管理部门决定。第四十四条规定的行政处罚，由省、自治区、直辖市人民政府地质矿产主管部门决定。给予吊销勘查许可证或者采矿许可证处罚的，须由原发证机关决定。

依照第三十九条、第四十条、第四十二条、第四十四条规定应当给予行政处罚而不给予行政处罚的，上级人民政府地质矿产主管部门有权责令改正或者直接给予行政处罚。

第四十六条 当事人对行政处罚决定不服的，可以依法申请复议，也可以依法直接向人民法院起诉。

当事人逾期不申请复议也不向人民法院起诉，又不履行处罚决定的，由作出处罚决定的机关申请人民法院强制执行。

第四十七条 负责矿产资源勘查、开采监督管理工作的国家工作人员和其他有关国家工作人员徇私舞弊、滥用职权或者玩忽职守，违反本法规定批准勘查、开采矿产资源和颁发勘查许可证、采矿许可证，或者对违法采矿行为不依法予以制止、处罚，构成犯罪的，依法追究刑事责任；不构成犯罪的，给予行政处分。违法颁发的勘查许可证、采矿许可证，上级人民政府地质矿产主管部门有权予以撤销。

第四十八条　以暴力、威胁方法阻碍从事矿产资源勘查、开采监督管理工作的国家工作人员依法执行职务的，依照刑法有关规定追究刑事责任；拒绝、阻碍从事矿产资源勘查、开采监督管理工作的国家工作人员依法执行职务未使用暴力、威胁方法的，由公安机关依照治安管理处罚法的规定处罚。

第四十九条　矿山企业之间的矿区范围的争议，由当事人协商解决，协商不成的，由有关县级以上地方人民政府根据依法核定的矿区范围处理；跨省、自治区、直辖市的矿区范围的争议，由有关省、自治区、直辖市人民政府协商解决，协商不成的，由国务院处理。

第七章　附　则

第五十条　外商投资勘查、开采矿产资源，法律、行政法规另有规定的，从其规定。

第五十一条　本法施行以前，未办理批准手续、未划定矿区范围、未取得采矿许可证开采矿产资源的，应当依照本法有关规定申请补办手续。

第五十二条　本法实施细则由国务院制定。

第五十三条　本法自 1986 年 10 月 1 日起施行。

中华人民共和国环境保护法

（1989 年 12 月 26 日第七届全国人民代表大会常务委员会第十一次会议通过　根据 2014 年 4 月 24 日第十二届全国人民代表大会常务委员会第八次会议修订　中华人民共和国主席令第 9 号公布　自 2015 年 1 月 1 日起施行）

第一章　总　　则

第一条　为保护和改善环境，防治污染和其他公害，保障公众健康，推进生态文明建设，促进经济社会可持续发展，制定本法。

第二条　本法所称环境，是指影响人类生存和发展的各种天然的和经过人工改造的自然因素的总体，包括大气、水、海洋、土地、矿藏、森林、草原、湿地、野生生物、自然遗迹、人文遗迹、自然保护区、风景名胜区、城市和乡村等。

第三条　本法适用于中华人民共和国领域和中华人民共和国管辖的其他海域。

第四条　保护环境是国家的基本国策。

国家采取有利于节约和循环利用资源、保护和改善环境、促进人与自然和谐的经济、技术政策和措施，使经济社会发展与环境保护相协调。

第五条　环境保护坚持保护优先、预防为主、综合治理、公众参与、损害担责的原则。

第六条　一切单位和个人都有保护环境的义务。

地方各级人民政府应当对本行政区域的环境质量负责。

企业事业单位和其他生产经营者应当防止、减少环境污染和生态破坏，对所造成的损害依法承担责任。

公民应当增强环境保护意识，采取低碳、节俭的生活方式，自觉履行环境保护义务。

第七条　国家支持环境保护科学技术研究、开发和应用，鼓励环境保护产业发展，促进环境保护信息化建设，提高环境保护科学技术水平。

第八条　各级人民政府应当加大保护和改善环境、防治污染和其他公害的财政投入，提高财政资金的使用效益。

第九条　各级人民政府应当加强环境保护宣传和普及工作，鼓励基层群众性自治组织、社会组织、环境保护志愿者开展环境保护法律法规和环境保护知识的宣传，营造保护环境的良好风气。

教育行政部门、学校应当将环境保护知识纳入学校教育内容，培养学生的环境保护意识。

新闻媒体应当开展环境保护法律法规和环境保护知识的宣传，对环境违法行为进行舆论监督。

第十条　国务院环境保护主管部门，对全国环境保护工作实施统一监督管理；县级以上地方人民政府环境保护主管部门，对本行政区域环境保护工作实施统一监督管理。

县级以上人民政府有关部门和军队环境保护部门，依照有关法律的规定对资源保护和污染防治等环境保护工作实施监督管理。

第十一条　对保护和改善环境有显著成绩的单位和个人，由人民政府给予奖励。

第十二条　每年6月5日为环境日。

第二章　监督管理

第十三条　县级以上人民政府应当将环境保护工作纳入国民

经济和社会发展规划。

国务院环境保护主管部门会同有关部门，根据国民经济和社会发展规划编制国家环境保护规划，报国务院批准并公布实施。

县级以上地方人民政府环境保护主管部门会同有关部门，根据国家环境保护规划的要求，编制本行政区域的环境保护规划，报同级人民政府批准并公布实施。

环境保护规划的内容应当包括生态保护和污染防治的目标、任务、保障措施等，并与主体功能区规划、土地利用总体规划和城乡规划等相衔接。

第十四条　国务院有关部门和省、自治区、直辖市人民政府组织制定经济、技术政策，应当充分考虑对环境的影响，听取有关方面和专家的意见。

第十五条　国务院环境保护主管部门制定国家环境质量标准。

省、自治区、直辖市人民政府对国家环境质量标准中未作规定的项目，可以制定地方环境质量标准；对国家环境质量标准中已作规定的项目，可以制定严于国家环境质量标准的地方环境质量标准。地方环境质量标准应当报国务院环境保护主管部门备案。

国家鼓励开展环境基准研究。

第十六条　国务院环境保护主管部门根据国家环境质量标准和国家经济、技术条件，制定国家污染物排放标准。

省、自治区、直辖市人民政府对国家污染物排放标准中未作规定的项目，可以制定地方污染物排放标准；对国家污染物排放标准中已作规定的项目，可以制定严于国家污染物排放标准的地方污染物排放标准。地方污染物排放标准应当报国务院环境保护主管部门备案。

第十七条　国家建立、健全环境监测制度。国务院环境保护主管部门制定监测规范，会同有关部门组织监测网络，统一规划国家环境质量监测站（点）的设置，建立监测数据共享机制，加强对环境监测的管理。

有关行业、专业等各类环境质量监测站（点）的设置应当符合法律法规规定和监测规范的要求。

监测机构应当使用符合国家标准的监测设备，遵守监测规范。监测机构及其负责人对监测数据的真实性和准确性负责。

第十八条 省级以上人民政府应当组织有关部门或者委托专业机构，对环境状况进行调查、评价，建立环境资源承载能力监测预警机制。

第十九条 编制有关开发利用规划，建设对环境有影响的项目，应当依法进行环境影响评价。

未依法进行环境影响评价的开发利用规划，不得组织实施；未依法进行环境影响评价的建设项目，不得开工建设。

第二十条 国家建立跨行政区域的重点区域、流域环境污染和生态破坏联合防治协调机制，实行统一规划、统一标准、统一监测、统一的防治措施。

前款规定以外的跨行政区域的环境污染和生态破坏的防治，由上级人民政府协调解决，或者由有关地方人民政府协商解决。

第二十一条 国家采取财政、税收、价格、政府采购等方面的政策和措施，鼓励和支持环境保护技术装备、资源综合利用和环境服务等环境保护产业的发展。

第二十二条 企业事业单位和其他生产经营者，在污染物排放符合法定要求的基础上，进一步减少污染物排放的，人民政府应当依法采取财政、税收、价格、政府采购等方面的政策和措施予以鼓励和支持。

第二十三条 企业事业单位和其他生产经营者，为改善环境，依照有关规定转产、搬迁、关闭的，人民政府应当予以支持。

第二十四条　县级以上人民政府环境保护主管部门及其委托的环境监察机构和其他负有环境保护监督管理职责的部门，有权对排放污染物的企业事业单位和其他生产经营者进行现场检查。被检查者应当如实反映情况，提供必要的资料。实施现场检查的部门、机构及其工作人员应当为被检查者保守商业秘密。

第二十五条　企业事业单位和其他生产经营者违反法律法规规定排放污染物，造成或者可能造成严重污染的，县级以上人民政府环境保护主管部门和其他负有环境保护监督管理职责的部门，可以查封、扣押造成污染物排放的设施、设备。

第二十六条　国家实行环境保护目标责任制和考核评价制度。县级以上人民政府应当将环境保护目标完成情况纳入对本级人民政府负有环境保护监督管理职责的部门及其负责人和下级人民政府及其负责人的考核内容，作为对其考核评价的重要依据。考核结果应当向社会公开。

第二十七条　县级以上人民政府应当每年向本级人民代表大会或者人民代表大会常务委员会报告环境状况和环境保护目标完成情况，对发生的重大环境事件应当及时向本级人民代表大会常务委员会报告，依法接受监督。

第三章　保护和改善环境

第二十八条　地方各级人民政府应当根据环境保护目标和治理任务，采取有效措施，改善环境质量。

未达到国家环境质量标准的重点区域、流域的有关地方人民政府，应当制定限期达标规划，并采取措施按期达标。

第二十九条　国家在重点生态功能区、生态环境敏感区和脆弱区等区域划定生态保护红线，实行严格保护。

各级人民政府对具有代表性的各种类型的自然生态系统区

域，珍稀、濒危的野生动植物自然分布区域，重要的水源涵养区域，具有重大科学文化价值的地质构造、著名溶洞和化石分布区、冰川、火山、温泉等自然遗迹，以及人文遗迹、古树名木，应当采取措施予以保护，严禁破坏。

第三十条　开发利用自然资源，应当合理开发，保护生物多样性，保障生态安全，依法制定有关生态保护和恢复治理方案并予以实施。

引进外来物种以及研究、开发和利用生物技术，应当采取措施，防止对生物多样性的破坏。

第三十一条　国家建立、健全生态保护补偿制度。

国家加大对生态保护地区的财政转移支付力度。有关地方人民政府应当落实生态保护补偿资金，确保其用于生态保护补偿。

国家指导受益地区和生态保护地区人民政府通过协商或者按照市场规则进行生态保护补偿。

第三十二条　国家加强对大气、水、土壤等的保护，建立和完善相应的调查、监测、评估和修复制度。

第三十三条　各级人民政府应当加强对农业环境的保护，促进农业环境保护新技术的使用，加强对农业污染源的监测预警，统筹有关部门采取措施，防治土壤污染和土地沙化、盐渍化、贫瘠化、石漠化、地面沉降以及防治植被破坏、水土流失、水体富营养化、水源枯竭、种源灭绝等生态失调现象，推广植物病虫害的综合防治。

县级、乡级人民政府应当提高农村环境保护公共服务水平，推动农村环境综合整治。

第三十四条　国务院和沿海地方各级人民政府应当加强对海洋环境的保护。向海洋排放污染物、倾倒废弃物，进行海岸工程和海洋工程建设，应当符合法律法规规定和有关标准，防止和减少对海洋环境的污染损害。

第三十五条 城乡建设应当结合当地自然环境的特点，保护植被、水域和自然景观，加强城市园林、绿地和风景名胜区的建设与管理。

第三十六条 国家鼓励和引导公民、法人和其他组织使用有利于保护环境的产品和再生产品，减少废弃物的产生。

国家机关和使用财政资金的其他组织应当优先采购和使用节能、节水、节材等有利于保护环境的产品、设备和设施。

第三十七条 地方各级人民政府应当采取措施，组织对生活废弃物的分类处置、回收利用。

第三十八条 公民应当遵守环境保护法律法规，配合实施环境保护措施，按照规定对生活废弃物进行分类放置，减少日常生活对环境造成的损害。

第三十九条 国家建立、健全环境与健康监测、调查和风险评估制度；鼓励和组织开展环境质量对公众健康影响的研究，采取措施预防和控制与环境污染有关的疾病。

第四章 防治污染和其他公害

第四十条 国家促进清洁生产和资源循环利用。

国务院有关部门和地方各级人民政府应当采取措施，推广清洁能源的生产和使用。

企业应当优先使用清洁能源，采用资源利用率高、污染物排放量少的工艺、设备以及废弃物综合利用技术和污染物无害化处理技术，减少污染物的产生。

第四十一条 建设项目中防治污染的设施，应当与主体工程同时设计、同时施工、同时投产使用。防治污染的设施应当符合经批准的环境影响评价文件的要求，不得擅自拆除或者闲置。

第四十二条 排放污染物的企业事业单位和其他生产经营者，应当采取措施，防治在生产建设或者其他活动中产生的废气、废水、废渣、医疗废物、粉尘、恶臭气体、放射性物质以及噪声、振动、光辐射、电磁辐射等对环境的污染和危害。

排放污染物的企业事业单位，应当建立环境保护责任制度，明确单位负责人和相关人员的责任。

重点排污单位应当按照国家有关规定和监测规范安装使用监测设备，保证监测设备正常运行，保存原始监测记录。

严禁通过暗管、渗井、渗坑、灌注或者篡改、伪造监测数据，或者不正常运行防治污染设施等逃避监管的方式违法排放污染物。

第四十三条　排放污染物的企业事业单位和其他生产经营者，应当按照国家有关规定缴纳排污费。排污费应当全部专项用于环境污染防治，任何单位和个人不得截留、挤占或者挪作他用。

依照法律规定征收环境保护税的，不再征收排污费。

第四十四条　国家实行重点污染物排放总量控制制度。重点污染物排放总量控制指标由国务院下达，省、自治区、直辖市人民政府分解落实。企业事业单位在执行国家和地方污染物排放标准的同时，应当遵守分解落实到本单位的重点污染物排放总量控制指标。

对超过国家重点污染物排放总量控制指标或者未完成国家确定的环境质量目标的地区，省级以上人民政府环境保护主管部门应当暂停审批其新增重点污染物排放总量的建设项目环境影响评价文件。

第四十五条　国家依照法律规定实行排污许可管理制度。

实行排污许可管理的企业事业单位和其他生产经营者应当按照排污许可证的要求排放污染物；未取得排污许可证的，不得排放污染物。

第四十六条　国家对严重污染环境的工艺、设备和产品实行淘汰制度。任何单位和个人不得生产、销售或者转移、使用严重污染环境的工艺、设备和产品。

禁止引进不符合我国环境保护规定的技术、设备、材料和产品。

第四十七条　各级人民政府及其有关部门和企业事业单位，应当依照《中华人民共和国突发事件应对法》的规定，做好突发环境事件的风险控制、应急准备、应急处置和事后恢复等工作。

县级以上人民政府应当建立环境污染公共监测预警机制，组织制定预警方案；环境受到污染，可能影响公众健康和环境安全时，依法及时公布预警信息，启动应急措施。

企业事业单位应当按照国家有关规定制定突发环境事件应急预案，报环境保护主管部门和有关部门备案。在发生或者可能发生突发环境事件时，企业事业单位应当立即采取措施处理，及时通报可能受到危害的单位和居民，并向环境保护主管部门和有关部门报告。

突发环境事件应急处置工作结束后，有关人民政府应当立即组织评估事件造成的环境影响和损失，并及时将评估结果向社会公布。

第四十八条　生产、储存、运输、销售、使用、处置化学物品和含有放射性物质的物品，应当遵守国家有关规定，防止污染环境。

第四十九条　各级人民政府及其农业等有关部门和机构应当指导农业生产经营者科学种植和养殖，科学合理施用农药、化肥等农业投入品，科学处置农用薄膜、农作物秸秆等农业废弃物，防止农业面源污染。

禁止将不符合农用标准和环境保护标准的固体废物、废水施入农田。施用农药、化肥等农业投入品及进行灌溉，应当采取措施，防止重金属和其他有毒有害物质污染环境。

畜禽养殖场、养殖小区、定点屠宰企业等的选址、建设和管理应当符合有关法律法规规定。从事畜禽养殖和屠宰的单位和个人应当采取措施，对畜禽粪便、尸体和污水等废弃物进行科学处置，防止污染环境。

县级人民政府负责组织农村生活废弃物的处置工作。

第五十条 各级人民政府应当在财政预算中安排资金，支持农村饮用水水源地保护、生活污水和其他废弃物处理、畜禽养殖和屠宰污染防治、土壤污染防治和农村工矿污染治理等环境保护工作。

第五十一条 各级人民政府应当统筹城乡建设污水处理设施及配套管网，固体废物的收集、运输和处置等环境卫生设施，危险废物集中处置设施、场所以及其他环境保护公共设施，并保障其正常运行。

第五十二条 国家鼓励投保环境污染责任保险。

第五章　信息公开和公众参与

第五十三条 公民、法人和其他组织依法享有获取环境信息、参与和监督环境保护的权利。

各级人民政府环境保护主管部门和其他负有环境保护监督管理职责的部门，应当依法公开环境信息、完善公众参与程序，为公民、法人和其他组织参与和监督环境保护提供便利。

第五十四条 国务院环境保护主管部门统一发布国家环境质量、重点污染源监测信息及其他重大环境信息。省级以上人民政府环境保护主管部门定期发布环境状况公报。

县级以上人民政府环境保护主管部门和其他负有环境保护监督管理职责的部门，应当依法公开环境质量、环境监测、突发环境事件以及环境行政许可、行政处罚、排污费的征收和使用情况等信息。

县级以上地方人民政府环境保护主管部门和其他负有环境保护监督管理职责的部门，应当将企业事业单位和其他生产经营者的环境违法信息记入社会诚信档案，及时向社会公布违法者名单。

第五十五条　重点排污单位应当如实向社会公开其主要污染物的名称、排放方式、排放浓度和总量、超标排放情况，以及防治污染设施的建设和运行情况，接受社会监督。

第五十六条　对依法应当编制环境影响报告书的建设项目，建设单位应当在编制时向可能受影响的公众说明情况，充分征求意见。

负责审批建设项目环境影响评价文件的部门在收到建设项目环境影响报告书后，除涉及国家秘密和商业秘密的事项外，应当全文公开；发现建设项目未充分征求公众意见的，应当责成建设单位征求公众意见。

第五十七条　公民、法人和其他组织发现任何单位和个人有污染环境和破坏生态行为的，有权向环境保护主管部门或者其他负有环境保护监督管理职责的部门举报。

公民、法人和其他组织发现地方各级人民政府、县级以上人民政府环境保护主管部门和其他负有环境保护监督管理职责的部门不依法履行职责的，有权向其上级机关或者监察机关举报。

接受举报的机关应当对举报人的相关信息予以保密，保护举报人的合法权益。

第五十八条　对污染环境、破坏生态，损害社会公共利益的行为，符合下列条件的社会组织可以向人民法院提起诉讼：

（一）依法在设区的市级以上人民政府民政部门登记；

（二）专门从事环境保护公益活动连续五年以上且无违法记录。

符合前款规定的社会组织向人民法院提起诉讼，人民法院应当依法受理。

提起诉讼的社会组织不得通过诉讼牟取经济利益。

第六章　法律责任

第五十九条　企业事业单位和其他生产经营者违法排放污染物，受到罚款处罚，被责令改正，拒不改正的，依法作出处罚决定的行政机关可以自责令改正之日的次日起，按照原处罚数额按日连续处罚。

前款规定的罚款处罚，依照有关法律法规按照防治污染设施的运行成本、违法行为造成的直接损失或者违法所得等因素确定的规定执行。

地方性法规可以根据环境保护的实际需要，增加第一款规定的按日连续处罚的违法行为的种类。

第六十条　企业事业单位和其他生产经营者超过污染物排放标准或者超过重点污染物排放总量控制指标排放污染物的，县级以上人民政府环境保护主管部门可以责令其采取限制生产、停产整治等措施；情节严重的，报经有批准权的人民政府批准，责令停业、关闭。

第六十一条　建设单位未依法提交建设项目环境影响评价文件或者环境影响评价文件未经批准，擅自开工建设的，由负有环境保护监督管理职责的部门责令停止建设，处以罚款，并可以责令恢复原状。

第六十二条　违反本法规定，重点排污单位不公开或者不如实公开环境信息的，由县级以上地方人民政府环境保护主管部门责令公开，处以罚款，并予以公告。

第六十三条　企业事业单位和其他生产经营者有下列行为之一，尚不构成犯罪的，除依照有关法律法规规定予以处罚外，由县级以上人民政府环境保护主管部门或者其他有关部门将案件移送公安机关，对其直接负责的主管人员和其他直接责任人员，处十日以上十五日以下拘留；情节较轻的，处五日以上十日以下拘留：

（一）建设项目未依法进行环境影响评价，被责令停止建设，拒不执行的；

（二）违反法律规定，未取得排污许可证排放污染物，被责令停止排污，拒不执行的；

（三）通过暗管、渗井、渗坑、灌注或者篡改、伪造监测数据，或者不正常运行防治污染设施等逃避监管的方式违法排放污染物的；

（四）生产、使用国家明令禁止生产、使用的农药，被责令改正，拒不改正的。

第六十四条 因污染环境和破坏生态造成损害的，应当依照《中华人民共和国侵权责任法》的有关规定承担侵权责任。

第六十五条 环境影响评价机构、环境监测机构以及从事环境监测设备和防治污染设施维护、运营的机构，在有关环境服务活动中弄虚作假，对造成的环境污染和生态破坏负有责任的，除依照有关法律法规规定予以处罚外，还应当与造成环境污染和生态破坏的其他责任者承担连带责任。

第六十六条 提起环境损害赔偿诉讼的时效期间为三年，从当事人知道或者应当知道其受到损害时起计算。

第六十七条 上级人民政府及其环境保护主管部门应当加强对下级人民政府及其有关部门环境保护工作的监督。发现有关工作人员有违法行为，依法应当给予处分的，应当向其任免机关或者监察机关提出处分建议。

依法应当给予行政处罚，而有关环境保护主管部门不给予行政处罚的，上级人民政府环境保护主管部门可以直接作出行政处罚的决定。

第六十八条　地方各级人民政府、县级以上人民政府环境保护主管部门和其他负有环境保护监督管理职责的部门有下列行为之一的，对直接负责的主管人员和其他直接责任人员给予记过、记大过或者降级处分；造成严重后果的，给予撤职或者开除处分，其主要负责人应当引咎辞职：

（一）不符合行政许可条件准予行政许可的；

（二）对环境违法行为进行包庇的；

（三）依法应当做出责令停业、关闭的决定而未做出的；

（四）对超标排放污染物、采用逃避监管的方式排放污染物、造成环境事故以及不落实生态保护措施造成生态破坏等行为，发现或者接到举报未及时查处的；

（五）违反本法规定，查封、扣押企业事业单位和其他生产经营者的设施、设备的；

（六）篡改、伪造或者指使篡改、伪造监测数据的；

（七）应当依法公开环境信息而未公开的；

（八）将征收的排污费截留、挤占或者挪作他用的；

（九）法律法规规定的其他违法行为。

第六十九条　违反本法规定，构成犯罪的，依法追究刑事责任。

第七章　附　则

第七十条　本法自 2015 年 1 月 1 日起施行。

中华人民共和国矿山安全法

（1992 年 11 月 7 日第七届全国人民代表大会常务委员会第二十八次会议通过　根据 2009 年 8 月 27 日第十一届全国人民代表大会常务委员会第十次会议《关于修改部分法律的决定》修正　中华人民共和国主席令第 18 号公布　自 2019 年 8 月 27 日起施行）

第一章　总　　则

第一条　为了保障矿山生产安全，防止矿山事故，保护矿山职工人身安全，促进采矿业的发展，制定本法。

第二条　在中华人民共和国领域和中华人民共和国管辖的其他海域从事矿产资源开采活动，必须遵守本法。

第三条　矿山企业必须具有保障安全生产的设施，建立、健全安全管理制度，采取有效措施改善职工劳动条件，加强矿山安全管理工作，保证安全生产。

第四条　国务院劳动行政主管部门对全国矿山安全工作实施统一监督。

县级以上地方各级人民政府劳动行政主管部门对本行政区域内的矿山安全工作实施统一监督。

县级以上人民政府管理矿山企业的主管部门对矿山安全工作进行管理。

第五条　国家鼓励矿山安全科学技术研究，推广先进技术，改进安全设施，提高矿山安全生产水平。

第六条　对坚持矿山安全生产，防止矿山事故，参加矿山抢险救护，进行矿山安全科学技术研究等方面取得显著成绩的单位和个人，给予奖励。

第二章 矿山建设的安全保障

第七条 矿山建设工程的安全设施必须和主体工程同时设计、同时施工、同时投入生产和使用。

第八条 矿山建设工程的设计文件，必须符合矿山安全规程和行业技术规范，并按照国家规定经管理矿山企业的主管部门批准；不符合矿山安全规程和行业技术规范的，不得批准。

矿山建设工程安全设施的设计必须有劳动行政主管部门参加审查。

矿山安全规程和行业技术规范，由国务院管理矿山企业的主管部门制定。

第九条 矿山设计下列项目必须符合矿山安全规程和行业技术规范：

（一）矿井的通风系统和供风量、风质、风速；

（二）露天矿的边坡角和台阶的宽度、高度；

（三）供电系统；

（四）提升、运输系统；

（五）防水、排水系统和防火、灭火系统；

（六）防瓦斯系统和防尘系统；

（七）有关矿山安全的其他项目。

第十条 每个矿井必须有两个以上能行人的安全出口，出口之间的直线水平距离必须符合矿山安全规程和行业技术规范。

第十一条 矿山必须有与外界相通的、符合安全要求的运输和通信设施。

第十二条 矿山建设工程必须按照管理矿山企业的主管部门批准的设计文件施工。

矿山建设工程安全设施竣工后，由管理矿山企业的主管部门验收，并须有劳动行政主管部门参加；不符合矿山安全规程和行业技术规范的，不得验收，不得投入生产。

第三章　矿山开采的安全保障

第十三条　矿山开采必须具备保障安全生产的条件，执行开采不同矿种的矿山安全规程和行业技术规范。

第十四条　矿山设计规定保留的矿柱、岩柱，在规定的期限内，应当予以保护，不得开采或者毁坏。

第十五条　矿山使用的有特殊安全要求的设备、器材、防护用品和安全检测仪器，必须符合国家安全标准或者行业安全标准；不符合国家安全标准或者行业安全标准的，不得使用。

第十六条　矿山企业必须对机电设备及其防护装置、安全检测仪器，定期检查、维修，保证使用安全。

第十七条　矿山企业必须对作业场所中的有毒有害物质和井下空气含氧量进行检测，保证符合安全要求。

第十八条　矿山企业必须对下列危害安全的事故隐患采取预防措施：

（一）冒顶、片帮、边坡滑落和地表塌陷；

（二）瓦斯爆炸、煤尘爆炸；

（三）冲击地压、瓦斯突出、井喷；

（四）地面和井下的火灾、水害；

（五）爆破器材和爆破作业发生的危害；

（六）粉尘、有毒有害气体、放射性物质和其他有害物质引起的危害；

（七）其他危害。

第十九条　矿山企业对使用机械、电气设备，排土场、矸石山、尾矿库和矿山闭坑后可能引起的危害，应当采取预防措施。

第四章　矿山企业的安全管理

第二十条　矿山企业必须建立、健全安全生产责任制。

矿长对本企业的安全生产工作负责。

第二十一条　矿长应当定期向职工代表大会或者职工大会报告安全生产工作，发挥职工代表大会的监督作用。

第二十二条　矿山企业职工必须遵守有关矿山安全的法律、法规和企业规章制度。

矿山企业职工有权对危害安全的行为，提出批评、检举和控告。

第二十三条　矿山企业工会依法维护职工生产安全的合法权益，组织职工对矿山安全工作进行监督。

第二十四条　矿山企业违反有关安全的法律、法规，工会有权要求企业行政方面或者有关部门认真处理。

矿山企业召开讨论有关安全生产的会议，应当有工会代表参加，工会有权提出意见和建议。

第二十五条　矿山企业工会发现企业行政方面违章指挥、强令工人冒险作业或者生产过程中发现明显重大事故隐患和职业危害，有权提出解决的建议；发现危及职工生命安全的情况时，有权向矿山企业行政方面建议组织职工撤离危险现场，矿山企业行政方面必须及时作出处理决定。

第二十六条　矿山企业必须对职工进行安全教育、培训；未经安全教育、培训的，不得上岗作业。

矿山企业安全生产的特种作业人员必须接受专门培训，经考核合格取得操作资格证书的，方可上岗作业。

第二十七条　矿长必须经过考核，具备安全专业知识，具有领导安全生产和处理矿山事故的能力。

矿山企业安全工作人员必须具备必要的安全专业知识和矿山

安全工作经验。

第二十八条　矿山企业必须向职工发放保障安全生产所需的劳动防护用品。

第二十九条　矿山企业不得录用未成年人从事矿山井下劳动。

矿山企业对女职工按照国家规定实行特殊劳动保护，不得分配女职工从事矿山井下劳动。

第三十条　矿山企业必须制定矿山事故防范措施，并组织落实。

第三十一条　矿山企业应当建立由专职或者兼职人员组成的救护和医疗急救组织，配备必要的装备、器材和药物。

第三十二条　矿山企业必须从矿产品销售额中按照国家规定提取安全技术措施专项费用。安全技术措施专项费用必须全部用于改善矿山安全生产条件，不得挪作他用。

第五章　矿山安全的监督和管理

第三十三条　县级以上各级人民政府劳动行政主管部门对矿山安全工作行使下列监督职责：

（一）检查矿山企业和管理矿山企业的主管部门贯彻执行矿山安全法律、法规的情况；

（二）参加矿山建设工程安全设施的设计审查和竣工验收；

（三）检查矿山劳动条件和安全状况；

（四）检查矿山企业职工安全教育、培训工作；

（五）监督矿山企业提取和使用安全技术措施专项费用的情况；

（六）参加并监督矿山事故的调查和处理；

（七）法律、行政法规规定的其他监督职责。

第三十四条　县级以上人民政府管理矿山企业的主管部门对

矿山安全工作行使下列管理职责：

（一）检查矿山企业贯彻执行矿山安全法律、法规的情况；

（二）审查批准矿山建设工程安全设施的设计；

（三）负责矿山建设工程安全设施的竣工验收；

（四）组织矿长和矿山企业安全工作人员的培训工作；

（五）调查和处理重大矿山事故；

（六）法律、行政法规规定的其他管理职责。

第三十五条　劳动行政主管部门的矿山安全监督人员有权进入矿山企业，在现场检查安全状况；发现有危及职工安全的紧急险情时，应当要求矿山企业立即处理。

第六章　矿山事故处理

第三十六条　发生矿山事故，矿山企业必须立即组织抢救，防止事故扩大，减少人员伤亡和财产损失，对伤亡事故必须立即如实报告劳动行政主管部门和管理矿山企业的主管部门。

第三十七条　发生一般矿山事故，由矿山企业负责调查和处理。

发生重大矿山事故，由政府及其有关部门、工会和矿山企业按照行政法规的规定进行调查和处理。

第三十八条　矿山企业对矿山事故中伤亡的职工按照国家规定给予抚恤或者补偿。

第三十九条　矿山事故发生后，应当尽快消除现场危险，查明事故原因，提出防范措施。现场危险消除后，方可恢复生产。

第七章　法律责任

第四十条　违反本法规定，有下列行为之一的，由劳动行政主管部门责令改正，可以并处罚款；情节严重的，提请县级以上人民政府决定责令停产整顿；对主管人员和直接责任人员由其所在单位或者上级主管机关给予行政处分：

（一）未对职工进行安全教育、培训，分配职工上岗作业的；

（二）使用不符合国家安全标准或者行业安全标准的设备、器材、防护用品、安全检测仪器的；

（三）未按照规定提取或者使用安全技术措施专项费用的；

（四）拒绝矿山安全监督人员现场检查或者在被检查时隐瞒事故隐患、不如实反映情况的；

（五）未按照规定及时、如实报告矿山事故的。

第四十一条　矿长不具备安全专业知识的，安全生产的特种作业人员未取得操作资格证书上岗作业的，由劳动行政主管部门责令限期改正；逾期不改正的，提请县级以上人民政府决定责令停产，调整配备合格人员后，方可恢复生产。

第四十二条　矿山建设工程安全设施的设计未经批准擅自施工的，由管理矿山企业的主管部门责令停止施工；拒不执行的，由管理矿山企业的主管部门提请县级以上人民政府决定由有关主管部门吊销其采矿许可证和营业执照。

第四十三条　矿山建设工程的安全设施未经验收或者验收不合格擅自投入生产的，由劳动行政主管部门会同管理矿山企业的主管部门责令停止生产，并由劳动行政主管部门处以罚款；拒不停止生产的，由劳动行政主管部门提请县级以上人民政府决定由有关主管部门吊销其采矿许可证和营业执照。

第四十四条　已经投入生产的矿山企业，不具备安全生产条件而强行开采的，由劳动行政主管部门会同管理矿山企业的主管部门责令限期改进；逾期仍不具备安全生产条件的，由劳动行政主管部门提请县级以上人民政府决定责令停产整顿或者由有关主管部门吊销其采矿许可证和营业执照。

第四十五条　当事人对行政处罚决定不服的，可以在接到处罚决定通知之日起十五日内向作出处罚决定的机关的上一级机关申请复议；当事人也可以在接到处罚决定通知之日起十五日内直接向人民法院起诉。

复议机关应当在接到复议申请之日起六十日内作出复议决定。当事人对复议决定不服的，可以在接到复议决定之日起十五日内向人民法院起诉。复议机关逾期不作出复议决定的，当事人可以在复议期满之日起十五日内向人民法院起诉。

当事人逾期不申请复议也不向人民法院起诉、又不履行处罚决定的，作出处罚决定的机关可以申请人民法院强制执行。

第四十六条 矿山企业主管人员违章指挥、强令工人冒险作业，因而发生重大伤亡事故的，依照刑法有关规定追究刑事责任。

第四十七条 矿山企业主管人员对矿山事故隐患不采取措施，因而发生重大伤亡事故的，比照刑法有关规定追究刑事责任。

第四十八条 矿山安全监督人员和安全管理人员滥用职权、玩忽职守、徇私舞弊，构成犯罪的，依法追究刑事责任；不构成犯罪的，给予行政处分。

第八章 附 则

第四十九条 国务院劳动行政主管部门根据本法制定实施条例，报国务院批准施行。

省、自治区、直辖市人民代表大会常务委员会可以根据本法和本地区的实际情况，制定实施办法。

第五十条 本法自 1993 年 5 月 1 日起施行。

中华人民共和国安全生产法

（2002 年 6 月 29 日第九届全国人民代表大会常务委员会第二十八次会议通过　根据 2009 年 8 月 27 日第十一届全国人民代表大会常务委员会第十次会议《关于修改部分法律的决定》第一次修正　根据 2014 年 8 月 31 日第十二届全国人民代表大会常务委员会第十次会议《关于修改〈中华人民共和国安全生产法〉的决定》第二次修正　中华人民共和国主席令第 13 号公布　自 2014 年 12 月 1 日起施行）

第一章　总　　则

第一条　为了加强安全生产工作，防止和减少生产安全事故，保障人民群众生命和财产安全，促进经济社会持续健康发展，制定本法。

第二条　在中华人民共和国领域内从事生产经营活动的单位（以下统称生产经营单位）的安全生产，适用本法；有关法律、行政法规对消防安全和道路交通安全、铁路交通安全、水上交通安全、民用航空安全以及核与辐射安全、特种设备安全另有规定的，适用其规定。

第三条　安全生产工作应当以人为本，坚持安全发展，坚持安全第一、预防为主、综合治理的方针，强化和落实生产经营单位的主体责任，建立生产经营单位负责、职工参与、政府监管、行业自律和社会监督的机制。

第四条　生产经营单位必须遵守本法和其他有关安全生产的

法律、法规，加强安全生产管理，建立、健全安全生产责任制和安全生产规章制度，改善安全生产条件，推进安全生产标准化建设，提高安全生产水平，确保安全生产。

第五条 生产经营单位的主要负责人对本单位的安全生产工作全面负责。

第六条 生产经营单位的从业人员有依法获得安全生产保障的权利，并应当依法履行安全生产方面的义务。

第七条 工会依法对安全生产工作进行监督。生产经营单位的工会依法组织职工参加本单位安全生产工作的民主管理和民主监督，维护职工在安全生产方面的合法权益。生产经营单位制定或者修改有关安全生产的规章制度，应当听取工会的意见。

第八条 国务院和县级以上地方各级人民政府应当根据国民经济和社会发展规划制定安全生产规划，并组织实施。安全生产规划应当与城乡规划相衔接。国务院和县级以上地方各级人民政府应当加强对安全生产工作的领导，支持、督促各有关部门依法履行安全生产监督管理职责，建立健全安全生产工作协调机制，及时协调、解决安全生产监督管理中存在的重大问题。乡、镇人民政府以及街道办事处、开发区管理机构等地方人民政府的派出机关应当按照职责，加强对本行政区域内生产经营单位安全生产状况的监督检查，协助上级人民政府有关部门依法履行安全生产监督管理职责。

第九条 国务院安全生产监督管理部门依照本法，对全国安全生产工作实施综合监督管理；县级以上地方各级人民政府安全生产监督管理部门依照本法，对本行政区域内安全生产工作实施综合监督管理。国务院有关部门依照本法和其他有关法律、行政法规的规定，在各自的职责范围内对有关行业、领域的安全生产工作实施监督管理；县级以上地方各级人民政府有关部门依照本法和其他有关法律、法规的规定，在各自的职责范围内对有关行业、领域的安全生产工作实施监督管理。安全生产监督管理部门和对有关行业、领域的安全生产工作实施监督管理的部门，统称负有安全生产监督管理职责的部门。

第十条　国务院有关部门应当按照保障安全生产的要求，依法及时制定有关的国家标准或者行业标准，并根据科技进步和经济发展适时修订。生产经营单位必须执行依法制定的保障安全生产的国家标准或者行业标准。

第十一条　各级人民政府及其有关部门应当采取多种形式，加强对有关安全生产的法律、法规和安全生产知识的宣传，增强全社会的安全生产意识。

第十二条　有关协会组织依照法律、行政法规和章程，为生产经营单位提供安全生产方面的信息、培训等服务，发挥自律作用，促进生产经营单位加强安全生产管理。

第十三条　依法设立的为安全生产提供技术、管理服务的机构，依照法律、行政法规和执业准则，接受生产经营单位的委托为其安全生产工作提供技术、管理服务。生产经营单位委托前款规定的机构提供安全生产技术、管理服务的，保证安全生产的责任仍由本单位负责。

第十四条　国家实行生产安全事故责任追究制度，依照本法和有关法律、法规的规定，追究生产安全事故责任人员的法律责任。

第十五条　国家鼓励和支持安全生产科学技术研究和安全生产先进技术的推广应用，提高安全生产水平。

第十六条　国家对在改善安全生产条件、防止生产安全事故、参加抢险救护等方面取得显著成绩的单位和个人，给予奖励。

第二章　生产经营单位的安全生产保障

第十七条　生产经营单位应当具备本法和有关法律、行政法规和国家标准或者行业标准规定的安全生产条件；不具备安全生产条件的，不得从事生产经营活动。

第十八条　生产经营单位的主要负责人对本单位安全生产工作负有下列职责：（一）建立、健全本单位安全生产责任制；（二）组织制定本单位安全生产规章制度和操作规程；（三）组织制定并实施本单位安全生产教育和培训计划；（四）保证本单位安全生产投入的有效实施；（五）督促、检查本单位的安全生产工作，及时消除生产安全事故隐患；（六）组织制定并实施本单位的生产安全事故应急救援预案；（七）及时、如实报告生产安全事故。

第十九条　生产经营单位的安全生产责任制应当明确各岗位的责任人员、责任范围和考核标准等内容。生产经营单位应当建立相应的机制，加强对安全生产责任制落实情况的监督考核，保证安全生产责任制的落实。

第二十条　生产经营单位应当具备的安全生产条件所必需的资金投入，由生产经营单位的决策机构、主要负责人或者个人经营的投资人予以保证，并对由于安全生产所必需的资金投入不足导致的后果承担责任。有关生产经营单位应当按照规定提取和使用安全生产费用，专门用于改善安全生产条件。安全生产费用在成本中据实列支。安全生产费用提取、使用和监督管理的具体办法由国务院财政部门会同国务院安全生产监督管理部门征求国务院有关部门意见后制定。

第二十一条　矿山、金属冶炼、建筑施工、道路运输单位和危险物品的生产、经营、储存单位，应当设置安全生产管理机构或者配备专职安全生产管理人员。前款规定以外的其他生产经营单位，从业人员超过一百人的，应当设置安全生产管理机构或者配备专职安全生产管理人员；从业人员在一百人以下的，应当配备专职或者兼职的安全生产管理人员。

第二十二条 生产经营单位的安全生产管理机构以及安全生产管理人员履行下列职责：（一）组织或者参与拟订本单位安全生产规章制度、操作规程和生产安全事故应急救援预案；（二）组织或者参与本单位安全生产教育和培训，如实记录安全生产教育和培训情况；（三）督促落实本单位重大危险源的安全管理措施；（四）组织或者参与本单位应急救援演练；（五）检查本单位的安全生产状况，及时排查生产安全事故隐患，提出改进安全生产管理的建议；（六）制止和纠正违章指挥、强令冒险作业、违反操作规程的行为；（七）督促落实本单位安全生产整改措施。

第二十三条 生产经营单位的安全生产管理机构以及安全生产管理人员应当恪尽职守，依法履行职责。生产经营单位作出涉及安全生产的经营决策，应当听取安全生产管理机构以及安全生产管理人员的意见。生产经营单位不得因安全生产管理人员依法履行职责而降低其工资、福利等待遇或者解除与其订立的劳动合同。危险物品的生产、储存单位以及矿山、金属冶炼单位的安全生产管理人员的任免，应当告知主管的负有安全生产监督管理职责的部门。

第二十四条 生产经营单位的主要负责人和安全生产管理人员必须具备与本单位所从事的生产经营活动相应的安全生产知识和管理能力。危险物品的生产、经营、储存单位以及矿山、金属冶炼、建筑施工、道路运输单位的主要负责人和安全生产管理人员，应当由主管的负有安全生产监督管理职责的部门对其安全生产知识和管理能力考核合格。考核不得收费。危险物品的生产、储存单位以及矿山、金属冶炼单位应当有注册安全工程师从事安全生产管理工作。鼓励其他生产经营单位聘用注册安全工程师从事安全生产管理工作。注册安全工程师按专业分类管理，具体办法由国务院人力资源和社会保障部门、国务院安全生产监督管理部门会同国务院有关部门制定。

第二十五条　生产经营单位应当对从业人员进行安全生产教育和培训，保证从业人员具备必要的安全生产知识，熟悉有关的安全生产规章制度和安全操作规程，掌握本岗位的安全操作技能，了解事故应急处理措施，知悉自身在安全生产方面的权利和义务。未经安全生产教育和培训合格的从业人员，不得上岗作业。生产经营单位使用被派遣劳动者的，应当将被派遣劳动者纳入本单位从业人员统一管理，对被派遣劳动者进行岗位安全操作规程和安全操作技能的教育和培训。劳务派遣单位应当对被派遣劳动者进行必要的安全生产教育和培训。生产经营单位接收中等职业学校、高等学校学生实习的，应当对实习学生进行相应的安全生产教育和培训，提供必要的劳动防护用品。学校应当协助生产经营单位对实习学生进行安全生产教育和培训。生产经营单位应当建立安全生产教育和培训档案，如实记录安全生产教育和培训的时间、内容、参加人员以及考核结果等情况。

第二十六条　生产经营单位采用新工艺、新技术、新材料或者使用新设备，必须了解、掌握其安全技术特性，采取有效的安全防护措施，并对从业人员进行专门的安全生产教育和培训。

第二十七条　生产经营单位的特种作业人员必须按照国家有关规定经专门的安全作业培训，取得相应资格，方可上岗作业。特种作业人员的范围由国务院安全生产监督管理部门会同国务院有关部门确定。

第二十八条　生产经营单位新建、改建、扩建工程项目（以下统称建设项目）的安全设施，必须与主体工程同时设计、同时施工、同时投入生产和使用。安全设施投资应当纳入建设项目概算。

第二十九条　矿山、金属冶炼建设项目和用于生产、储存、装卸危险物品的建设项目，应当按照国家有关规定进行安全评价。

第三十条　建设项目安全设施的设计人、设计单位应当对安全设施设计负责。矿山、金属冶炼建设项目和用于生产、储存、装卸危险物品的建设项目的安全设施设计应当按照国家有关规定报经有关部门审查，审查部门及其负责审查的人员对审查结果负责。

第三十一条　矿山、金属冶炼建设项目和用于生产、储存、装卸危险物品的建设项目的施工单位必须按照批准的安全设施设计施工，并对安全设施的工程质量负责。矿山、金属冶炼建设项目和用于生产、储存危险物品的建设项目竣工投入生产或者使用前，应当由建设单位负责组织对安全设施进行验收；验收合格后，方可投入生产和使用。安全生产监督管理部门应当加强对建设单位验收活动和验收结果的监督核查。

第三十二条　生产经营单位应当在有较大危险因素的生产经营场所和有关设施、设备上，设置明显的安全警示标志。

第三十三条　安全设备的设计、制造、安装、使用、检测、维修、改造和报废，应当符合国家标准或者行业标准。生产经营单位必须对安全设备进行经常性维护、保养，并定期检测，保证正常运转。维护、保养、检测应当作好记录，并由有关人员签字。

第三十四条　生产经营单位使用的危险物品的容器、运输工具，以及涉及人身安全、危险性较大的海洋石油开采特种设备和矿山井下特种设备，必须按照国家有关规定，由专业生产单位生产，并经具有专业资质的检测、检验机构检测、检验合格，取得安全使用证或者安全标志，方可投入使用。检测、检验机构对检测、检验结果负责。

第三十五条　国家对严重危及生产安全的工艺、设备实行淘汰制度，具体目录由国务院安全生产监督管理部门会同国务院有关部门制定并公布。法律、行政法规对目录的制定另有规定的，适用其规定。省、自治区、直辖市人民政府可以根据本地区实际情况制定并公布具体目录，对前款规定以外的危及生产安全的工艺、设备予以淘汰。生产经营单位不得使用应当淘汰的危及生产安全的工艺、设备。

第三十六条　生产、经营、运输、储存、使用危险物品或者处置废弃危险物品的，由有关主管部门依照有关法律、法规的规定和国家标准或者行业标准审批并实施监督管理。生产经营单位生产、经营、运输、储存、使用危险物品或者处置废弃危险物品，必须执行有关法律、法规和国家标准或者行业标准，建立专门的安全管理制度，采取可靠的安全措施，接受有关主管部门依法实施的监督管理。

第三十七条　生产经营单位对重大危险源应当登记建档，进行定期检测、评估、监控，并制定应急预案，告知从业人员和相关人员在紧急情况下应当采取的应急措施。生产经营单位应当按照国家有关规定将本单位重大危险源及有关安全措施、应急措施报有关地方人民政府安全生产监督管理部门和有关部门备案。

第三十八条　生产经营单位应当建立健全生产安全事故隐患排查治理制度，采取技术、管理措施，及时发现并消除事故隐患。事故隐患排查治理情况应当如实记录，并向从业人员通报。县级以上地方各级人民政府负有安全生产监督管理职责的部门应当建立健全重大事故隐患治理督办制度，督促生产经营单位消除重大事故隐患。

第三十九条　生产、经营、储存、使用危险物品的车间、商店、仓库不得与员工宿舍在同一座建筑物内，并应当与员工宿舍保持安全距离。生产经营场所和员工宿舍应当设有符合紧急疏散要求、标志明显、保持畅通的出口。禁止锁闭、封堵生产经营场所或者员工宿舍的出口。

第四十条　生产经营单位进行爆破、吊装以及国务院安全生产监督管理部门会同国务院有关部门规定的其他危险作业，应当安排专门人员进行现场安全管理，确保操作规程的遵守和安全措施的落实。

第四十一条　生产经营单位应当教育和督促从业人员严格执行本单位的安全生产规章制度和安全操作规程；并向从业人员如实告知作业场所和工作岗位存在的危险因素、防范措施以及事故应急措施。

第四十二条　生产经营单位必须为从业人员提供符合国家标准或者行业标准的劳动防护用品，并监督、教育从业人员按照使用规则佩戴、使用。

第四十三条　生产经营单位的安全生产管理人员应当根据本单位的生产经营特点，对安全生产状况进行经常性检查；对检查中发现的安全问题，应当立即处理；不能处理的，应当及时报告本单位有关负责人，有关负责人应当及时处理。检查及处理情况应当如实记录在案。生产经营单位的安全生产管理人员在检查中发现重大事故隐患，依照前款规定向本单位有关负责人报告，有关负责人不及时处理的，安全生产管理人员可以向主管的负有安全生产监督管理职责的部门报告，接到报告的部门应当依法及时处理。

第四十四条　生产经营单位应当安排用于配备劳动防护用品、进行安全生产培训的经费。

第四十五条　两个以上生产经营单位在同一作业区域内进行生产经营活动，可能危及对方生产安全的，应当签订安全生产管理协议，明确各自的安全生产管理职责和应当采取的安全措施，并指定专职安全生产管理人员进行安全检查与协调。

第四十六条　生产经营单位不得将生产经营项目、场所、设备发包或者出租给不具备安全生产条件或者相应资质的单位或者个人。生产经营项目、场所发包或者出租给其他单位的，生产经营单位应当与承包单位、承租单位签订专门的安全生产管理协议，或者在承包合同、租赁合同中约定各自的安全生产管理职责；生产经营单位对承包单位、承租单位的安全生产工作统一协调、管理，定期进行安全检查，发现安全问题的，应当及时督促整改。

第四十七条　生产经营单位发生生产安全事故时，单位的主要负责人应当立即组织抢救，并不得在事故调查处理期间擅离职守。

第四十八条　生产经营单位必须依法参加工伤保险，为从业人员缴纳保险费。国家鼓励生产经营单位投保安全生产责任保险。

第三章　从业人员的安全生产权利义务

第四十九条　生产经营单位与从业人员订立的劳动合同，应当载明有关保障从业人员劳动安全、防止职业危害的事项，以及依法为从业人员办理工伤保险的事项。生产经营单位不得以任何形式与从业人员订立协议，免除或者减轻其对从业人员因生产安全事故伤亡依法应承担的责任。

第五十条　生产经营单位的从业人员有权了解其作业场所和工作岗位存在的危险因素、防范措施及事故应急措施，有权对本单位的安全生产工作提出建议。

第五十一条　从业人员有权对本单位安全生产工作中存在的问题提出批评、检举、控告；有权拒绝违章指挥和强令冒险作业。生产经营单位不得因从业人员对本单位安全生产工作提出批评、检举、控告或者拒绝违章指挥、强令冒险作业而降低其工资、福利等待遇或者解除与其订立的劳动合同。

第五十二条　从业人员发现直接危及人身安全的紧急情况时，有权停止作业或者在采取可能的应急措施后撤离作业场所。生产经营单位不得因从业人员在前款紧急情况下停止作业或者采取紧急撤离措施而降低其工资、福利等待遇或者解除与其订立的劳动合同。

第五十三条　因生产安全事故受到损害的从业人员，除依法享有工伤保险外，依照有关民事法律尚有获得赔偿的权利的，有权向本单位提出赔偿要求。

第五十四条　从业人员在作业过程中，应当严格遵守本单位的安全生产规章制度和操作规程，服从管理，正确佩戴和使用劳动防护用品。

第五十五条　从业人员应当接受安全生产教育和培训，掌握本职工作所需的安全生产知识，提高安全生产技能，增强事故预防和应急处理能力。

第五十六条　从业人员发现事故隐患或者其他不安全因素，应当立即向现场安全生产管理人员或者本单位负责人报告；接到报告的人员应当及时予以处理。

第五十七条　工会有权对建设项目的安全设施与主体工程同时设计、同时施工、同时投入生产和使用进行监督，提出意见。工会对生产经营单位违反安全生产法律、法规，侵犯从业人员合法权益的行为，有权要求纠正；发现生产经营单位违章指挥、强令冒险作业或者发现事故隐患时，有权提出解决的建议，生产经营单位应当及时研究答复；发现危及从业人员生命安全的情况时，有权向生产经营单位建议组织从业人员撤离危险场所，生产经营单位必须立即做出处理。工会有权依法参加事故调查，向有关部门提出处理意见，并要求追究有关人员的责任。

第五十八条　生产经营单位使用被派遣劳动者的，被派遣劳动者享有本法规定的从业人员的权利，并应当履行本法规定的从业人员的义务。

第四章　安全生产的监督管理

第五十九条　县级以上地方各级人民政府应当根据本行政区

域内的安全生产状况，组织有关部门按照职责分工，对本行政区域内容易发生重大生产安全事故的生产经营单位进行严格检查。安全生产监督管理部门应当按照分类分级监督管理的要求，制定安全生产年度监督检查计划，并按照年度监督检查计划进行监督检查，发现事故隐患，应当及时处理。

第六十条　负有安全生产监督管理职责的部门依照有关法律、法规的规定，对涉及安全生产的事项需要审查批准（包括批准、核准、许可、注册、认证、颁发证照等，下同）或者验收的，必须严格依照有关法律、法规和国家标准或者行业标准规定的安全生产条件和程序进行审查；不符合有关法律、法规和国家标准或者行业标准规定的安全生产条件的，不得批准或者验收通过。对未依法取得批准或者验收合格的单位擅自从事有关活动的，负责行政审批的部门发现或者接到举报后应当立即予以取缔，并依法予以处理。对已经依法取得批准的单位，负责行政审批的部门发现其不再具备安全生产条件的，应当撤销原批准。

第六十一条　负有安全生产监督管理职责的部门对涉及安全生产的事项进行审查、验收，不得收取费用；不得要求接受审查、验收的单位购买其指定品牌或者指定生产、销售单位的安全设备、器材或者其他产品。

第六十二条　安全生产监督管理部门和其他负有安全生产监督管理职责的部门依法开展安全生产行政执法工作，对生产经营单位执行有关安全生产的法律、法规和国家标准或者行业标准的情况进行监督检查，行使以下职权：（一）进入生产经营单位进行检查，调阅有关资料，向有关单位和人员了解情况；（二）对检查中发现的安全生产违法行为，当场予以纠正或者要求限期改正；对依法应当给予行政处罚的行为，依照本法和其他有关法律、行政法规的规定作出行政处罚决定；（三）对检查中发现的事故隐患，应当责令立即排除；重大事故隐患排除前或者排除过程中无法保证安全的，应当责令从危险区域内撤出作业人员，责令暂时停产停业或者停止使用相关设施、设备；重大事故隐患排除后，经审查同意，方可恢复生产经营和使用；（四）对有根据认为不符合保障安全生产的国家标准或者行业标准的设施、设备、器材以及违法生产、储存、使用、经营、运输的危险物品予以查封或者扣押，对违法生产、储存、使用、经营危险物品的作业场所予以查封，并依法作出处理决定。监督检查不得影响被检查单位的正常生产经营活动。

第六十三条　生产经营单位对负有安全生产监督管理职责的部门的监督检查人员（以下统称安全生产监督检查人员）依法履行监督检查职责，应当予以配合，不得拒绝、阻挠。

第六十四条　安全生产监督检查人员应当忠于职守，坚持原则，秉公执法。安全生产监督检查人员执行监督检查任务时，必须出示有效的监督执法证件；对涉及被检查单位的技术秘密和业务秘密，应当为其保密。

第六十五条　安全生产监督检查人员应当将检查的时间、地点、内容、发现的问题及其处理情况，作出书面记录，并由检查人员和被检查单位的负责人签字；被检查单位的负责人拒绝签字的，检查人员应当将情况记录在案，并向负有安全生产监督管理职责的部门报告。

第六十六条　负有安全生产监督管理职责的部门在监督检查中，应当互相配合，实行联合检查；确需分别进行检查的，应当互通情况，发现存在的安全问题应当由其他有关部门进行处理的，应当及时移送其他有关部门并形成记录备查，接受移送的部门应当及时进行处理。

第六十七条　负有安全生产监督管理职责的部门依法对存在重大事故隐患的生产经营单位作出停产停业、停止施工、停止使用相关设施或者设备的决定，生产经营单位应当依法执行，及时消除事故隐患。生产经营单位拒不执行，有发生生产安全事故的现实危险的，在保证安全的前提下，经本部门主要负责人批准，负有安全生产监督管理职责的部门可以采取通知有关单位停止供电、停止供应民用爆炸物品等措施，强制生产经营单位履行决定。通知应当采用书面形式，有关单位应当予以配合。负有安全生产监督管理职责的部门依照前款规定采取停止供电措施，除危及生产安全的紧急情形外，应当提前二十四小时通知生产经营单位。生产经营单位依法履行行政决定、采取相应措施消除事故隐患的，负有安全生产监督管理职责的部门应当及时解除前款规定的措施。

第六十八条　监察机关依照行政监察法的规定，对负有安全生产监督管理职责的部门及其工作人员履行安全生产监督管理职责实施监察。

第六十九条　承担安全评价、认证、检测、检验的机构应当具备国家规定的资质条件，并对其做出的安全评价、认证、检测、检验的结果负责。

第七十条　负有安全生产监督管理职责的部门应当建立举报制度，公开举报电话、信箱或者电子邮件地址，受理有关安全生产的举报；受理的举报事项经调查核实后，应当形成书面材料；需要落实整改措施的，报经有关负责人签字并督促落实。

第七十一条　任何单位或者个人对事故隐患或者安全生产违法行为，均有权向负有安全生产监督管理职责的部门报告或者举报。

第七十二条　居民委员会、村民委员会发现其所在区域内的生产经营单位存在事故隐患或者安全生产违法行为时，应当向当地人民政府或者有关部门报告。

第七十三条　县级以上各级人民政府及其有关部门对报告重大事故隐患或者举报安全生产违法行为的有功人员，给予奖励。

具体奖励办法由国务院安全生产监督管理部门会同国务院财政部门制定。

第七十四条　新闻、出版、广播、电影、电视等单位有进行安全生产公益宣传教育的义务，有对违反安全生产法律、法规的行为进行舆论监督的权利。

第七十五条　负有安全生产监督管理职责的部门应当建立安全生产违法行为信息库，如实记录生产经营单位的安全生产违法行为信息；对违法行为情节严重的生产经营单位，应当向社会公告，并通报行业主管部门、投资主管部门、国土资源主管部门、证券监督管理机构以及有关金融机构。

第五章　生产安全事故的应急救援与调查处理

第七十六条　国家加强生产安全事故应急能力建设，在重点行业、领域建立应急救援基地和应急救援队伍，鼓励生产经营单位和其他社会力量建立应急救援队伍，配备相应的应急救援装备和物资，提高应急救援的专业化水平。国务院安全生产监督管理部门建立全国统一的生产安全事故应急救援信息系统，国务院有关部门建立健全相关行业、领域的生产安全事故应急救援信息系统。

第七十七条　县级以上地方各级人民政府应当组织有关部门制定本行政区域内生产安全事故应急救援预案，建立应急救援体系。

第七十八条　生产经营单位应当制定本单位生产安全事故应急救援预案，与所在地县级以上地方人民政府组织制定的生产安全事故应急救援预案相衔接，并定期组织演练。

第七十九条　危险物品的生产、经营、储存单位以及矿山、金属冶炼、城市轨道交通运营、建筑施工单位应当建立应急救援组织；生产经营规模较小的，可以不建立应急救援组织，但应当指定兼职的应急救援人员。危险物品的生产、经营、储存、运输单位以及矿山、金属冶炼、城市轨道交通运营、建筑施工单位应当配备必要的应急救援器材、设备和物资，并进行经常性维护、保养，保证正常运转。

第八十条　生产经营单位发生生产安全事故后，事故现场有关人员应当立即报告本单位负责人。单位负责人接到事故报告后，应当迅速采取有效措施，组织抢救，防止事故扩大，减少人员伤亡和财产损失，并按照国家有关规定立即如实报告当地负有安全生产监督管理职责的部门，不得隐瞒不报、谎报或者迟报，不得故意破坏事故现场、毁灭有关证据。

第八十一条　负有安全生产监督管理职责的部门接到事故报告后，应当立即按照国家有关规定上报事故情况。负有安全生产监督管理职责的部门和有关地方人民政府对事故情况不得隐瞒不报、谎报或者迟报。

第八十二条　有关地方人民政府和负有安全生产监督管理职责的部门的负责人接到生产安全事故报告后，应当按照生产安全事故应急救援预案的要求立即赶到事故现场，组织事故抢救。参与事故抢救的部门和单位应当服从统一指挥，加强协同联动，采取有效的应急救援措施，并根据事故救援的需要采取警戒、疏散等措施，防止事故扩大和次生灾害的发生，减少人员伤亡和财产损失。事故抢救过程中应当采取必要措施，避免或者减少对环境造成的危害。任何单位和个人都应当支持、配合事故抢救，并提供一切便利条件。

第八十三条　事故调查处理应当按照科学严谨、依法依规、实事求是、注重实效的原则，及时、准确地查清事故原因，查明事故性质和责任，总结事故教训，提出整改措施，并对事故责任者提出处理意见。事故调查报告应当依法及时向社会公布。事故调查和处理的具体办法由国务院制定。事故发生单位应当及时全面落实整改措施，负有安全生产监督管理职责的部门应当加强监督检查。

第八十四条　生产经营单位发生生产安全事故，经调查确定为责任事故的，除了应当查明事故单位的责任并依法予以追究外，还应当查明对安全生产的有关事项负有审查批准和监督职责的行政部门的责任，对有失职、渎职行为的，依照本法第八十七条的规定追究法律责任。

第八十五条　任何单位和个人不得阻挠和干涉对事故的依法调查处理。

第八十六条　县级以上地方各级人民政府安全生产监督管理部门应当定期统计分析本行政区域内发生生产安全事故的情况，并定期向社会公布。

第六章　法律责任

第八十七条　负有安全生产监督管理职责的部门的工作人员，有下列行为之一的，给予降级或者撤职的处分；构成犯罪的，依照刑法有关规定追究刑事责任：（一）对不符合法定安全生产条件的涉及安全生产的事项予以批准或者验收通过的；（二）发现未依法取得批准、验收的单位擅自从事有关活动或者接到举报后不予取缔或者不依法予以处理的；（三）对已经依法取得批准的单位不履行监督管理职责，发现其不再具备安全生产条件而不撤销原批准或者发现安全生产违法行为不予查处的；（四）在监督检查中发现重大事故隐患，不依法及时处理的。负有安全生产监督管理职责的部门的工作人员有前款规定以外的滥用职权、玩忽职守、徇私舞弊行为的，依法给予处分；构成犯罪的，依照刑法有关规定追究刑事责任。

第八十八条　负有安全生产监督管理职责的部门，要求被审查、验收的单位购买其指定的安全设备、器材或者其他产品的，在对安全生产事项的审查、验收中收取费用的，由其上级机关或者监察机关责令改正，责令退还收取的费用；情节严重的，对直接负责的主管人员和其他直接责任人员依法给予处分。

第八十九条　承担安全评价、认证、检测、检验工作的机构，出具虚假证明的，没收违法所得；违法所得在十万元以上的，并处违法所得二倍以上五倍以下的罚款；没有违法所得或者违法所得不足十万元的，单处或者并处十万元以上二十万元以下的罚款；对其直接负责的主管人员和其他直接责任人员处二万元以上五万元以下的罚款；给他人造成损害的，与生产经营单位承担连带赔偿责任；构成犯罪的，依照刑法有关规定追究刑事责任。对有前款违法行为的机构，吊销其相应资质。

第九十条　生产经营单位的决策机构、主要负责人或者个人经营的投资人不依照本法规定保证安全生产所必需的资金投入，致使生产经营单位不具备安全生产条件的，责令限期改正，提供必需的资金；逾期未改正的，责令生产经营单位停产停业整顿。有前款违法行为，导致发生生产安全事故的，对生产经营单位的主要负责人给予撤职处分，对个人经营的投资人处二万元以上二十万元以下的罚款；构成犯罪的，依照刑法有关规定追究刑事责任。

第九十一条　生产经营单位的主要负责人未履行本法规定的安全生产管理职责的，责令限期改正；逾期未改正的，处二万元以上五万元以下的罚款，责令生产经营单位停产停业整顿。生产经营单位的主要负责人有前款违法行为，导致发生生产安全事故的，给予撤职处分；构成犯罪的，依照刑法有关规定追究刑事责任。生产经营单位的主要负责人依照前款规定受刑事处罚或者撤职处分的，自刑罚执行完毕或者受处分之日起，五年内不得担任任何生产经营单位的主要负责人；对重大、特别重大生产安全事故负有责任的，终身不得担任本行业生产经营单位的主要负责人。

第九十二条　生产经营单位的主要负责人未履行本法规定的安全生产管理职责，导致发生生产安全事故的，由安全生产监督管理部门依照下列规定处以罚款：（一）发生一般事故的，处上一年年收入百分之三十的罚款；（二）发生较大事故的，处上一年年收入百分之四十的罚款；（三）发生重大事故的，处上一年年收入百分之六十的罚款；（四）发生特别重大事故的，处上一年年收入百分之八十的罚款。

第九十三条　生产经营单位的安全生产管理人员未履行本法规定的安全生产管理职责的，责令限期改正；导致发生生产安全事故的，暂停或者撤销其与安全生产有关的资格；构成犯罪的，依照刑法有关规定追究刑事责任。

第九十四条　生产经营单位有下列行为之一的，责令限期改正，可以处五万元以下的罚款；逾期未改正的，责令停产停业整顿，并处五万元以上十万元以下的罚款，对其直接负责的主管人员和其他直接责任人员处一万元以上二万元以下的罚款：（一）未按照规定设置安全生产管理机构或者配备安全生产管理人员的；（二）危险物品的生产、经营、储存单位以及矿山、金属冶炼、建筑施工、道路运输单位的主要负责人和安全生产管理人员未按照规定经考核合格的；（三）未按照规定对从业人员、被派遣劳动者、实习学生进行安全生产教育和培训，或者未按照规定如实告知有关的安全生产事项的；（四）未如实记录安全生产教育和培训情况的；（五）未将事故隐患排查治理情况如实记录或者未向从业人员通报的；（六）未按照规定制定生产安全事故应急救援预案或者未定期组织演练的；（七）特种作业人员未按照规定经专门的安全作业培训并取得相应资格，上岗作业的。

第九十五条　生产经营单位有下列行为之一的，责令停止建设或者停产停业整顿，限期改正；逾期未改正的，处五十万元以上一百万元以下的罚款，对其直接负责的主管人员和其他直接责任人员处二万元以上五万元以下的罚款；构成犯罪的，依照刑法有关规定追究刑事责任：（一）未按照规定对矿山、金属冶炼建设项目或者用于生产、储存、装卸危险物品的建设项目进行安全评价的；（二）矿山、金属冶炼建设项目或者用于生产、储存、装卸危险物品的建设项目没有安全设施设计或者安全设施设计未按照规定报经有关部门审查同意的；（三）矿山、金属冶炼建设项目或者用于生产、储存、装卸危险物品的建设项目的施工单位未按照批准的安全设施设计施工的；（四）矿山、金属冶炼建设项目或者用于生产、储存危险物品的建设项目竣工投入生产或者使用前，安全设施未经验收合格的。

第九十六条　生产经营单位有下列行为之一的，责令限期改正，可以处五万元以下的罚款；逾期未改正的，处五万元以上二十万元以下的罚款，对其直接负责的主管人员和其他直接责任人员处一万元以上二万元以下的罚款；情节严重的，责令停产停业整顿；构成犯罪的，依照刑法有关规定追究刑事责任：（一）未在有较大危险因素的生产经营场所和有关设施、设备上设置明显的安全警示标志的；（二）安全设备的安装、使用、检测、改造和报废不符合国家标准或者行业标准的；（三）未对安全设备进行经常性维护、保养和定期检测的；（四）未为从业人员提供符合国家标准或者行业标准的劳动防护用品的；（五）危险物品的容器、运输工具，以及涉及人身安全、危险性较大的海洋石油开采特种设备和矿山井下特种设备未经具有专业资质的机构检测、检验合格，取得安全使用证或者安全标志，投入使用的；（六）使用应当淘汰的危及生产安全的工艺、设备的。

第九十七条　未经依法批准，擅自生产、经营、运输、储存、使用危险物品或者处置废弃危险物品的，依照有关危险物品安全管理的法律、行政法规的规定予以处罚；构成犯罪的，依照刑法有关规定追究刑事责任。

第九十八条　生产经营单位有下列行为之一的，责令限期改正，可以处十万元以下的罚款；逾期未改正的，责令停产停业整顿，并处十万元以上二十万元以下的罚款，对其直接负责的主管人员和其他直接责任人员处二万元以上五万元以下的罚款；构成犯罪的，依照刑法有关规定追究刑事责任：（一）生产、经营、运输、储存、使用危险物品或者处置废弃危险物品，未建立专门安全管理制度、未采取可靠的安全措施的；（二）对重大危险源未登记建档，或者未进行评估、监控，或者未制定应急预案的；（三）进行爆破、吊装以及国务院安全生产监督管理部门会同国务院有关部门规定的其他危险作业，未安排专门人员进行现场安全管理的；（四）未建立事故隐患排查治理制度的。

第九十九条　生产经营单位未采取措施消除事故隐患的，责令立即消除或者限期消除；生产经营单位拒不执行的，责令停产停业整顿，并处十万元以上五十万元以下的罚款，对其直接负责的主管人员和其他直接责任人员处二万元以上五万元以下的罚款。

第一百条　生产经营单位将生产经营项目、场所、设备发包或者出租给不具备安全生产条件或者相应资质的单位或者个人的，责令限期改正，没收违法所得；违法所得十万元以上的，并处违法所得二倍以上五倍以下的罚款；没有违法所得或者违法所得不足十万元的，单处或者并处十万元以上二十万元以下的罚款；对其直接负责的主管人员和其他直接责任人员处一万元以上二万元以下的罚款；导致发生生产安全事故给他人造成损害的，与承包方、承租方承担连带赔偿责任。生产经营单位未与承包单位、承租单位签订专门的安全生产管理协议或者未在承包合同、租赁合同中明确各自的安全生产管理职责，或者未对承包单位、承租单位的安全生产统一协调、管理的，责令限期改正，可以处五万元以下的罚款，对其直接负责的主管人员和其他直接责任人员可以处一万元以下的罚款；逾期未改正的，责令停产停业整顿。

第一百零一条 两个以上生产经营单位在同一作业区域内进行可能危及对方安全生产的生产经营活动，未签订安全生产管理协议或者未指定专职安全生产管理人员进行安全检查与协调的，责令限期改正，可以处五万元以下的罚款，对其直接负责的主管人员和其他直接责任人员可以处一万元以下的罚款；逾期未改正的，责令停产停业。

第一百零二条 生产经营单位有下列行为之一的，责令限期改正，可以处五万元以下的罚款，对其直接负责的主管人员和其他直接责任人员可以处一万元以下的罚款；逾期未改正的，责令停产停业整顿；构成犯罪的，依照刑法有关规定追究刑事责任：（一）生产、经营、储存、使用危险物品的车间、商店、仓库与员工宿舍在同一座建筑内，或者与员工宿舍的距离不符合安全要求的；（二）生产经营场所和员工宿舍未设有符合紧急疏散需要、标志明显、保持畅通的出口，或者锁闭、封堵生产经营场所或者员工宿舍出口的。

第一百零三条 生产经营单位与从业人员订立协议，免除或者减轻其对从业人员因生产安全事故伤亡依法应承担的责任的，该协议无效；对生产经营单位的主要负责人、个人经营的投资人处二万元以上十万元以下的罚款。

第一百零四条 生产经营单位的从业人员不服从管理，违反安全生产规章制度或者操作规程的，由生产经营单位给予批评教育，依照有关规章制度给予处分；构成犯罪的，依照刑法有关规定追究刑事责任。

第一百零五条 违反本法规定，生产经营单位拒绝、阻碍负有安全生产监督管理职责的部门依法实施监督检查的，责令改正；拒不改正的，处二万元以上二十万元以下的罚款；对其直接负责的主管人员和其他直接责任人员处一万元以上二万元以下的罚款；构成犯罪的，依照刑法有关规定追究刑事责任。

第一百零六条　生产经营单位的主要负责人在本单位发生生产安全事故时，不立即组织抢救或者在事故调查处理期间擅离职守或者逃匿的，给予降级、撤职的处分，并由安全生产监督管理部门处上一年年收入百分之六十至百分之一百的罚款；对逃匿的处十五日以下拘留；构成犯罪的，依照刑法有关规定追究刑事责任。生产经营单位的主要负责人对生产安全事故隐瞒不报、谎报或者迟报的，依照前款规定处罚。

第一百零七条　有关地方人民政府、负有安全生产监督管理职责的部门，对生产安全事故隐瞒不报、谎报或者迟报的，对直接负责的主管人员和其他直接责任人员依法给予处分；构成犯罪的，依照刑法有关规定追究刑事责任。

第一百零八条　生产经营单位不具备本法和其他有关法律、行政法规和国家标准或者行业标准规定的安全生产条件，经停产停业整顿仍不具备安全生产条件的，予以关闭；有关部门应当依法吊销其有关证照。

第一百零九条　发生生产安全事故，对负有责任的生产经营单位除要求其依法承担相应的赔偿等责任外，由安全生产监督管理部门依照下列规定处以罚款：（一）发生一般事故的，处二十万元以上五十万元以下的罚款；（二）发生较大事故的，处五十万元以上一百万元以下的罚款；（三）发生重大事故的，处一百万元以上五百万元以下的罚款；（四）发生特别重大事故的，处五百万元以上一千万元以下的罚款；情节特别严重的，处一千万元以上二千万元以下的罚款。

第一百一十条　本法规定的行政处罚，由安全生产监督管理部门和其他负有安全生产监督管理职责的部门按照职责分工决定。予以关闭的行政处罚由负有安全生产监督管理职责的部门报请县级以上人民政府按照国务院规定的权限决定；给予拘留的行政处罚由公安机关依照治安管理处罚法的规定决定。

第一百一十一条　生产经营单位发生生产安全事故造成人员伤亡、他人财产损失的，应当依法承担赔偿责任；拒不承担或者其负责人逃匿的，由人民法院依法强制执行。生产安全事故的责任人未依法承担赔偿责任，经人民法院依法采取执行措施后，仍不能对受害人给予足额赔偿的，应当继续履行赔偿义务；受害人发现责任人有其他财产的，可以随时请求人民法院执行。

第七章　附　则

第一百一十二条　本法下列用语的含义：危险物品，是指易燃易爆物品、危险化学品、放射性物品等能够危及人身安全和财产安全的物品。重大危险源，是指长期地或者临时地生产、搬运、使用或者储存危险物品，且危险物品的数量等于或者超过临界量的单元（包括场所和设施）。

第一百一十三条　本法规定的生产安全一般事故、较大事故、重大事故、特别重大事故的划分标准由国务院规定。国务院安全生产监督管理部门和其他负有安全生产监督管理职责的部门应当根据各自的职责分工，制定相关行业、领域重大事故隐患的判定标准。

第一百一十四条　本法自 2002 年 11 月 1 日起施行。

中华人民共和国环境影响评价法

（2002 年 10 月 28 日第九届全国人民代表大会常务委员会第三十次会议通过　根据 2016 年 7 月 2 日第十二届全国人民代表大会常务委员会第二十一次会议《关于修改〈中华人民共和国节约能源法〉等六部法律的决定》第一次修正　根据 2018 年 12 月 29 日第十三届全国人民代表大会常务委员会第七次会议《关于修改〈中华人民共和国劳动法〉等七部法律的决定》第二次修正　中华人民共和国主席令第 24 号公布　自 2018 年 12 月 29 日起施行）

第一章　总　则

第一条　为了实施可持续发展战略，预防因规划和建设项目实施后对环境造成不良影响，促进经济、社会和环境的协调发展，制定本法。

第二条　本法所称环境影响评价，是指对规划和建设项目实施后可能造成的环境影响进行分析、预测和评估，提出预防或者减轻不良环境影响的对策和措施，进行跟踪监测的方法与制度。

第三条　编制本法第九条所规定的范围内的规划，在中华人民共和国领域和中华人民共和国管辖的其他海域内建设对环境有影响的项目，应当依照本法进行环境影响评价。

第四条　环境影响评价必须客观、公开、公正，综合考虑规划或者建设项目实施后对各种环境因素及其所构成的生态系统可能造成的影响，为决策提供科学依据。

第五条 国家鼓励有关单位、专家和公众以适当方式参与环境影响评价。

第六条 国家加强环境影响评价的基础数据库和评价指标体系建设，鼓励和支持对环境影响评价的方法、技术规范进行科学研究，建立必要的环境影响评价信息共享制度，提高环境影响评价的科学性。国务院生态环境主管部门应当会同国务院有关部门，组织建立和完善环境影响评价的基础数据库和评价指标体系。

第二章 规划的环境影响评价

第七条 国务院有关部门、设区的市级以上地方人民政府及其有关部门，对其组织编制的土地利用的有关规划，区域、流域、海域的建设、开发利用规划，应当在规划编制过程中组织进行环境影响评价，编写该规划有关环境影响的篇章或者说明。规划有关环境影响的篇章或者说明，应当对规划实施后可能造成的环境影响作出分析、预测和评估，提出预防或者减轻不良环境影响的对策和措施，作为规划草案的组成部分一并报送规划审批机关。未编写有关环境影响的篇章或者说明的规划草案，审批机关不予审批。

第八条 国务院有关部门、设区的市级以上地方人民政府及其有关部门，对其组织编制的工业、农业、畜牧业、林业、能源、水利、交通、城市建设、旅游、自然资源开发的有关专项规划（以下简称专项规划），应当在该专项规划草案上报审批前，组织进行环境影响评价，并向审批该专项规划的机关提出环境影响报告书。前款所列专项规划中的指导性规划，按照本法第七条的规定进行环境影响评价。

第九条 依照本法第七条、第八条的规定进行环境影响评价的规划的具体范围，由国务院生态环境主管部门会同国务院有关部门规定，报国务院批准。

第十条　专项规划的环境影响报告书应当包括下列内容：（一）实施该规划对环境可能造成影响的分析、预测和评估；（二）预防或者减轻不良环境影响的对策和措施；（三）环境影响评价的结论。

第十一条　专项规划的编制机关对可能造成不良环境影响并直接涉及公众环境权益的规划，应当在该规划草案报送审批前，举行论证会、听证会，或者采取其他形式，征求有关单位、专家和公众对环境影响报告书草案的意见。但是，国家规定需要保密的情形除外。编制机关应当认真考虑有关单位、专家和公众对环境影响报告书草案的意见，并应当在报送审查的环境影响报告书中附具对意见采纳或者不采纳的说明。

第十二条　专项规划的编制机关在报批规划草案时，应当将环境影响报告书一并附送审批机关审查；未附送环境影响报告书的，审批机关不予审批。

第十三条　设区的市级以上人民政府在审批专项规划草案，作出决策前，应当先由人民政府指定的生态环境主管部门或者其他部门召集有关部门代表和专家组成审查小组，对环境影响报告书进行审查。审查小组应当提出书面审查意见。参加前款规定的审查小组的专家，应当从按照国务院生态环境主管部门的规定设立的专家库内的相关专业的专家名单中，以随机抽取的方式确定。由省级以上人民政府有关部门负责审批的专项规划，其环境影响报告书的审查办法，由国务院生态环境主管部门会同国务院有关部门制定。

第十四条　审查小组提出修改意见的，专项规划的编制机关应当根据环境影响报告书结论和审查意见对规划草案进行修改完善，并对环境影响报告书结论和审查意见的采纳情况作出说明；不采纳的，应当说明理由。设区的市级以上人民政府或者省级以上人民政府有关部门在审批专项规划草案时，应当将环境影响报告书结论以及审查意见作为决策的重要依据。在审批中未采纳环境影响报告书结论以及审查意见的，应当作出说明，并存档备查。

第十五条　对环境有重大影响的规划实施后，编制机关应当及时组织环境影响的跟踪评价，并将评价结果报告审批机关；发现有明显不良环境影响的，应当及时提出改进措施。

第三章　建设项目的环境影响评价

第十六条　国家根据建设项目对环境的影响程度，对建设项目的环境影响评价实行分类管理。建设单位应当按照下列规定组织编制环境影响报告书、环境影响报告表或者填报环境影响登记表（以下统称环境影响评价文件）：（一）可能造成重大环境影响的，应当编制环境影响报告书，对产生的环境影响进行全面评价；（二）可能造成轻度环境影响的，应当编制环境影响报告表，对产生的环境影响进行分析或者专项评价；（三）对环境影响很小、不需要进行环境影响评价的，应当填报环境影响登记表。建设项目的环境影响评价分类管理名录，由国务院生态环境主管部门制定并公布。

第十七条　建设项目的环境影响报告书应当包括下列内容：（一）建设项目概况；（二）建设项目周围环境现状；（三）建设项目对环境可能造成影响的分析、预测和评估；（四）建设项目环境保护措施及其技术、经济论证；（五）建设项目对环境影响的经济损益分析；（六）对建设项目实施环境监测的建议；（七）环境影响评价的结论。环境影响报告表和环境影响登记表的内容和格式，由国务院生态环境主管部门制定。

第十八条　建设项目的环境影响评价，应当避免与规划的环境影响评价相重复。作为一项整体建设项目的规划，按照建设项目进行环境影响评价，不进行规划的环境影响评价。已经进行了环境影响评价的规划包含具体建设项目的，规划的环境影响评价结论应当作为建设项目环境影响评价的重要依据，建设项目环境影响评价的内容应当根据规划的环境影响评价审查意见予以简化。

第十九条　建设单位可以委托技术单位对其建设项目开展环境影响评价，编制建设项目环境影响报告书、环境影响报告表；建设单位具备环境影响评价技术能力的，可以自行对其建设项目开展环境影响评价，编制建设项目环境影响报告书、环境影响报告表。编制建设项目环境影响报告书、环境影响报告表应当遵守国家有关环境影响评价标准、技术规范等规定。国务院生态环境主管部门应当制定建设项目环境影响报告书、环境影响报告表编制的能力建设指南和监管办法。接受委托为建设单位编制建设项目环境影响报告书、环境影响报告表的技术单位，不得与负责审批建设项目环境影响报告书、环境影响报告表的生态环境主管部门或者其他有关审批部门存在任何利益关系。

第二十条　建设单位应当对建设项目环境影响报告书、环境影响报告表的内容和结论负责，接受委托编制建设项目环境影响报告书、环境影响报告表的技术单位对其编制的建设项目环境影响报告书、环境影响报告表承担相应责任。设区的市级以上人民政府生态环境主管部门应当加强对建设项目环境影响报告书、环境影响报告表编制单位的监督管理和质量考核。负责审批建设项目环境影响报告书、环境影响报告表的生态环境主管部门应当将编制单位、编制主持人和主要编制人员的相关违法信息记入社会诚信档案，并纳入全国信用信息共享平台和国家企业信用信息公示系统向社会公布。任何单位和个人不得为建设单位指定编制建设项目环境影响报告书、环境影响报告表的技术单位。

第二十一条　除国家规定需要保密的情形外，对环境可能造成重大影响、应当编制环境影响报告书的建设项目，建设单位应当在报批建设项目环境影响报告书前，举行论证会、听证会，或者采取其他形式，征求有关单位、专家和公众的意见。建设单位报批的环境影响报告书应当附具对有关单位、专家和公众的意见采纳或者不采纳的说明。

第二十二条　建设项目的环境影响报告书、报告表，由建设单位按照国务院的规定报有审批权的生态环境主管部门审批。海洋工程建设项目的海洋环境影响报告书的审批，依照《中华人民共和国海洋环境保护法》的规定办理。审批部门应当自收到环境影响报告书之日起六十日内，收到环境影响报告表之日起三十日内，分别作出审批决定并书面通知建设单位。国家对环境影响登记表实行备案管理。审核、审批建设项目环境影响报告书、报告表以及备案环境影响登记表，不得收取任何费用。

第二十三条　国务院生态环境主管部门负责审批下列建设项目的环境影响评价文件：（一）核设施、绝密工程等特殊性质的建设项目；（二）跨省、自治区、直辖市行政区域的建设项目；（三）由国务院审批的或者由国务院授权有关部门审批的建设项目。前款规定以外的建设项目的环境影响评价文件的审批权限，由省、自治区、直辖市人民政府规定。建设项目可能造成跨行政区域的不良环境影响，有关生态环境主管部门对该项目的环境影响评价结论有争议的，其环境影响评价文件由共同的上一级生态环境主管部门审批。

第二十四条　建设项目的环境影响评价文件经批准后，建设项目的性质、规模、地点、采用的生产工艺或者防治污染、防止生态破坏的措施发生重大变动的，建设单位应当重新报批建设项目的环境影响评价文件。建设项目的环境影响评价文件自批准之日起超过五年，方决定该项目开工建设的，其环境影响评价文件应当报原审批部门重新审核；原审批部门应当自收到建设项目环境影响评价文件之日起十日内，将审核意见书面通知建设单位。

第二十五条　建设项目的环境影响评价文件未依法经审批部门审查或者审查后未予批准的，建设单位不得开工建设。

第二十六条　建设项目建设过程中，建设单位应当同时实施环境影响报告书、环境影响报告表以及环境影响评价文件审批部门审批意见中提出的环境保护对策措施。

第二十七条　在项目建设、运行过程中产生不符合经审批的环境影响评价文件的情形的，建设单位应当组织环境影响的后评价，采取改进措施，并报原环境影响评价文件审批部门和建设项目审批部门备案；原环境影响评价文件审批部门也可以责成建设单位进行环境影响的后评价，采取改进措施。

第二十八条　生态环境主管部门应当对建设项目投入生产或者使用后所产生的环境影响进行跟踪检查，对造成严重环境污染或者生态破坏的，应当查清原因、查明责任。对属于建设项目环境影响报告书、环境影响报告表存在基础资料明显不实，内容存在重大缺陷、遗漏或者虚假，环境影响评价结论不正确或者不合理等严重质量问题的，依照本法第三十二条的规定追究建设单位及其相关责任人员和接受委托编制建设项目环境影响报告书、环境影响报告表的技术单位及其相关人员的法律责任；属于审批部门工作人员失职、渎职，对依法不应批准的建设项目环境影响报告书、环境影响报告表予以批准的，依照本法第三十四条的规定追究其法律责任。

第四章　法律责任

第二十九条　规划编制机关违反本法规定，未组织环境影响评价，或者组织环境影响评价时弄虚作假或者有失职行为，造成环境影响评价严重失实的，对直接负责的主管人员和其他直接责任人员，由上级机关或者监察机关依法给予行政处分。

第三十条　规划审批机关对依法应当编写有关环境影响的篇

章或者说明而未编写的规划草案，依法应当附送环境影响报告书而未附送的专项规划草案，违法予以批准的，对直接负责的主管人员和其他直接责任人员，由上级机关或者监察机关依法给予行政处分。

第三十一条　建设单位未依法报批建设项目环境影响报告书、报告表，或者未依照本法第二十四条的规定重新报批或者报请重新审核环境影响报告书、报告表，擅自开工建设的，由县级以上生态环境主管部门责令停止建设，根据违法情节和危害后果，处建设项目总投资额百分之一以上百分之五以下的罚款，并可以责令恢复原状；对建设单位直接负责的主管人员和其他直接责任人员，依法给予行政处分。建设项目环境影响报告书、报告表未经批准或者未经原审批部门重新审核同意，建设单位擅自开工建设的，依照前款的规定处罚、处分。建设单位未依法备案建设项目环境影响登记表的，由县级以上生态环境主管部门责令备案，处五万元以下的罚款。海洋工程建设项目的建设单位有本条所列违法行为的，依照《中华人民共和国海洋环境保护法》的规定处罚。

第三十二条　建设项目环境影响报告书、环境影响报告表存在基础资料明显不实，内容存在重大缺陷、遗漏或者虚假，环境影响评价结论不正确或者不合理等严重质量问题的，由设区的市级以上人民政府生态环境主管部门对建设单位处五十万元以上二百万元以下的罚款，并对建设单位的法定代表人、主要负责人、直接负责的主管人员和其他直接责任人员，处五万元以上二十万元以下的罚款。接受委托编制建设项目环境影响报告书、环境影响报告表的技术单位违反国家有关环境影响评价标准和技术规范等规定，致使其编制的建设项目环境影响报告书、环境影响报告表存在基础资料明显不实，内容存在重大缺陷、遗漏或者虚假，环境影响评价结论不正确或者不合理等严重质量问题的，由设区的市级以上人民政府生态环境主管部门对技术单位处所收费用三倍以上五倍以下的罚款；情节严重的，禁止从事环境影响报告书、环境影响报告表编制工作；有违法所得的，没收违法所得。编制单位有本条第一款、第二款规定的违法行为的，编制主持人和主要编制人员五年内禁止从事环境影响报告书、环境影响报告表编制工作；构成犯罪的，依法追究刑事责任，并终身禁止从事环境影响报告书、环境影响报告表编制工作。

第三十三条　负责审核、审批、备案建设项目环境影响评价文件的部门在审批、备案中收取费用的，由其上级机关或者监察机关责令退还；情节严重的，对直接负责的主管人员和其他直接责任人员依法给予行政处分。

第三十四条　生态环境主管部门或者其他部门的工作人员徇私舞弊，滥用职权，玩忽职守，违法批准建设项目环境影响评价文件的，依法给予行政处分；构成犯罪的，依法追究刑事责任。

第五章　附　则

第三十五条　省、自治区、直辖市人民政府可以根据本地的实际情况，要求对本辖区的县级人民政府编制的规划进行环境影响评价。具体办法由省、自治区、直辖市参照本法第二章的规定制定。

第三十六条　军事设施建设项目的环境影响评价办法，由中央军事委员会依照本法的原则制定。

第三十七条　本法自 2003 年 9 月 1 日起施行。

第二部分
国务院行政法规及文件

中华人民共和国矿产资源法实施细则

（1994年3月26日　国务院令第152号）

第一章　总　则

第一条　根据《中华人民共和国矿产资源法》，制定本细则。

第二条　矿产资源是指由地质作用形成的，具有利用价值的，呈固态、液态、气态的自然资源。

矿产资源的矿种和分类见本细则所附《矿产资源分类细目》。新发现的矿种由国务院地质矿产主管部门报国务院批准后公布。

第三条　矿产资源属于国家所有，地表或者地下的矿产资源的国家所有权，不因其所依附的土地的所有权或者使用权的不同而改变。

国务院代表国家行使矿产资源的所有权。国务院授权国务院地质矿产主管部门对全国矿产资源分配实施统一管理。

第四条　在中华人民共和国领域及管辖的其他海域勘查、开采矿产资源，必须遵守《中华人民共和国矿产资源法》（以下简称《矿产资源法》）和本细则。

第五条　国家对矿产资源的勘查、开采实行许可证制度。勘查矿产资源，必须依法申请登记，领取勘查许可证，取得探矿权；开采矿产资源，必须依法申请登记，领取采矿许可证，取得采矿权。

矿产资源勘查工作区范围和开采矿区范围，以经纬度划分的区块为基本单位。具体办法由国务院地质矿产主管部门制定。

第六条　《矿产资源法》及本细则中下列用语的含义：

探矿权，是指在依法取得的勘查许可证规定的范围内，勘查矿产资源的权利。取得勘查许可证的单位或者个人称为探矿权人。

采矿权，是指在依法取得的采矿许可证规定的范围内，开采矿产资源和获得所开采的矿产品的权利。取得采矿许可证的单位或者个人称为采矿权人。

国家规定实行保护性开采的特定矿种，是指国务院根据国民经济建设和高科技发展的需要，以及资源稀缺、贵重程度确定的，由国务院有关主管部门按照国家计划批准开采的矿种。

国家规划矿区，是指国家根据建设规划和矿产资源规划，为建设大、中型矿山划定的矿产资源分布区域。

对国民经济具有重要价值的矿区，是指国家根据国民经济发展需要划定的，尚未列入国家建设规划的，储量大、质量好、具有开发前景的矿产资源保护区域。

第七条　国家允许外国的公司、企业和其他经济组织以及个人依照中华人民共和国有关法律、行政法规的规定，在中华人民共和国领域及管辖的其他海域投资勘查、开采矿产资源。

第八条　国务院地质矿产主管部门主管全国矿产资源勘查、开采的监督管理工作。国务院有关主管部门按照国务院规定的职责分工，协助国务院地质矿产主管部门进行矿产资源勘查、开采的监督管理工作。

省、自治区、直辖市人民政府地质矿产主管部门主管本行政区域内矿产资源勘查、开采的监督管理工作。省、自治区、直辖市人民政府有关主管部门，协助同级地质矿产主管部门进行矿产资源勘查、开采的监督管理工作。

设区的市人民政府、自治州人民政府和县级人民政府及其负责管理矿产资源的部门，依法对本级人民政府批准开办的国有矿山企业和本行政区域内的集体所有制矿山企业、私营矿山企业、个体采矿者以及在本行政区域内从事勘查施工的单位和个人进行监督管理，依法保护探矿权人、采矿权人的合法权益。

上级地质矿产主管部门有权对下级地质矿产主管部门违法的或者不适当的矿产资源勘查、开采管理行政行为予以改变或者撤销。

第二章　矿产资源勘查登记和开采审批

第九条　勘查矿产资源，应当按照国务院关于矿产资源勘查登记管理的规定，办理申请、审批和勘查登记。

勘查特定矿种，应当按照国务院有关规定办理申请、审批和勘查登记。

第十条　国有矿山企业开采矿产资源，应当按照国务院关于采矿登记管理的规定，办理申请、审批和采矿登记。开采国家规划矿区、对国民经济具有重要价值矿区的矿产和国家规定实行保护性开采的特定矿种，办理申请、审批和采矿登记时，应当持有国务院有关主管部门批准的文件。

开采特定矿种，应当按照国务院有关规定办理申请、审批和采矿登记。

第十一条　开办国有矿山企业，除应当具备有关法律、法规规定的条件外，并应当具备下列条件：

（一）有供矿山建设使用的矿产勘查报告；

（二）有矿山建设项目的可行性研究报告（含资源利用方案和矿山环境影响报告）；

（三）有确定的矿区范围和开采范围；

（四）有矿山设计；

（五）有相应的生产技术条件。

国务院、国务院有关主管部门和省、自治区、直辖市人民政府，按照国家有关固定资产投资管理的规定，对申请开办的国有矿山企业根据前款所列条件审查合格后，方予批准。

第十二条 申请开办集体所有制矿山企业、私营矿山企业及个体采矿的审查批准、采矿登记，按照省、自治区、直辖市的有关规定办理。

第十三条 申请开办集体所有制矿山企业或者私营矿山企业，除应当具备有关法律、法规规定的条件外，并应当具备下列条件：

（一）有供矿山建设使用的与开采规模相适应的矿产勘查资料；

（二）有经过批准的无争议的开采范围；

（三）有与所建矿山规模相适应的资金、设备和技术人员；

（四）有与所建矿山规模相适应的，符合国家产业政策和技术规范的可行性研究报告、矿山设计或者开采方案；

（五）矿长具有矿山生产、安全管理和环境保护的基本知识。

第十四条 申请个体采矿应当具备下列条件：

（一）有经过批准的无争议的开采范围；

（二）有与采矿规模相适应的资金、设备和技术人员；

（三）有相应的矿产勘查资料和经批准的开采方案；

（四）有必要的安全生产条件和环境保护措施。

第三章 矿产资源的勘查

第十五条 国家对矿产资源勘查实行统一规划。全国矿产资源中、长期勘查规划，在国务院计划行政主管部门指导下，由国务院地质矿产主管部门根据国民经济和社会发展中、长期规划，在国务院有关主管部门勘查规划的基础上组织编制。

全国矿产资源年度勘查计划和省、自治区、直辖市矿产资源年度勘查计划，分别由国务院地质矿产主管部门和省、自治区、直辖市人民政府地质矿产主管部门组织有关主管部门，根据全国矿产资源中、长期勘查规划编制，经同级人民政府计划行政主管部门批准后施行。

法律对勘查规划的审批权另有规定的，依照有关法律的规定执行。

第十六条　探矿权人享有下列权利：

（一）按照勘查许可证规定的区域、期限、工作对象进行勘查；

（二）在勘查作业区及相邻区域架设供电、供水、通讯管线，但是不得影响或者损害原有的供电、供水设施和通讯管线；

（三）在勘查作业区及相邻区域通行；

（四）根据工程需要临时使用土地；

（五）优先取得勘查作业区内新发现矿种的探矿权；

（六）优先取得勘查作业区内矿产资源的采矿权；

（七）自行销售勘查中按照批准的工程设计施工回收的矿产品，但是国务院规定由指定单位统一收购的矿产品除外。

探矿权人行使前款所列权利时，有关法律、法规规定应当经过批准或者履行其他手续的，应当遵守有关法律、法规的规定。

第十七条　探矿权人应当履行下列义务：

（一）在规定的期限内开始施工，并在勘查许可证规定的期限内完成勘查工作；

（二）向勘查登记管理机关报告开工等情况；

（三）按照探矿工程设计施工，不得擅自进行采矿活动；

（四）在查明主要矿种的同时，对共生、伴生矿产资源进行综合勘查、综合评价；

（五）编写矿产资源勘查报告，提交有关部门审批；

（六）按照国务院有关规定汇交矿产资源勘查成果档案资料；

（七）遵守有关法律、法规关于劳动安全、土地复垦和环境保护的规定；

（八）勘查作业完毕，及时封、填探矿作业遗留的井、洞或者采取其他措施，消除安全隐患。

第十八条　探矿权人可以对符合国家边探边采规定要求的复杂类型矿床进行开采；但是，应当向原颁发勘查许可证的机关、矿产储量审批机构和勘查项目主管部门提交论证材料，经审核同意后，按照国务院关于采矿登记管理法规的规定，办理采矿登记。

第十九条　矿产资源勘查报告按照下列规定审批：

（一）供矿山建设使用的重要大型矿床勘查报告和供大型水源地建设使用的地下水勘查报告，由国务院矿产储量审批机构审批；

（二）供矿山建设使用的一般大型、中型、小型矿床勘查报告和供中型、小型水源地建设使用的地下水勘查报告，由省、自治区、直辖市矿产储量审批机构审批；

矿产储量审批机构和勘查单位的主管部门应当自收到矿产资源勘查报告之日起六个月内作出批复。

第二十条　矿产资源勘查报告及其他有价值的勘查资料，按照国务院有关规定实行有偿使用。

第二十一条　探矿权人取得临时使用土地权后，在勘查过程中给他人造成财产损害的，按照下列规定给以补偿：

（一）对耕地造成损害的，根据受损害的耕地面积前三年平均年产量，以补偿时当地市场平均价格计算，逐年给以补偿，并负责恢复耕地的生产条件，及时归还；

（二）对牧区草场造成损害的，按照前项规定逐年给以补偿，并负责恢复草场植被，及时归还；

（三）对耕地上的农作物、经济作物造成损害的，根据受损害的耕地面积前三年平均年产量，以补偿时当地市场平均价格计算，给以补偿；

（四）对竹木造成损害的，根据实际损害株数，以补偿时当地市场平均价格逐株计算，给以补偿；

（五）对土地上的附着物造成损害的，根据实际损害的程度，以补偿时当地市场价格，给以适当补偿。

第二十二条　探矿权人在没有农作物和其他附着物的荒岭、荒坡、荒地、荒漠、沙滩、河滩、湖滩、海滩上进行勘查的，不予补偿；但是，勘查作业不得阻碍或者损害航运、灌溉、防洪等活动或者设施，勘查作业结束后应当采取措施，防止水土流失，保护生态环境。

第二十三条　探矿权人之间对勘查范围发生争议时，由当事人协商解决；协商不成的，由勘查作业区所在地的省、自治区、直辖市人民政府地质矿产主管部门裁决；跨省、自治区、直辖市的勘查范围争议，当事人协商不成的，由有关省、自治区、直辖市人民政府协商解决；协商不成的，由国务院地质矿产主管部门裁决。特定矿种的勘查范围争议，当事人协商不成的，由国务院授权的有关主管部门裁决。

第四章　矿产资源的开采

第二十四条　全国矿产资源的分配和开发利用，应当兼顾当前和长远、中央和地方的利益，实行统一规划、有效保护、合理开采、综合利用。

第二十五条　全国矿产资源规划，在国务院计划行政主管部门指导下，由国务院地质矿产主管部门根据国民经济和社会发展中、长期规划，组织国务院有关主管部门和省、自治区、直辖市人民政府编制，报国务院批准后施行。

全国矿产资源规划应当对全国矿产资源的分配作出统筹安排，合理划定中央与省、自治区、直辖市人民政府审批、开发矿产资源的范围。

第二十六条　矿产资源开发规划是对矿区的开发建设布局进行统筹安排的规划。

矿产资源开发规划分为行业开发规划和地区开发规划。

矿产资源行业开发规划由国务院有关主管部门根据全国矿产资源规划中分配给本部门的矿产资源编制实施。

矿产资源地区开发规划由省、自治区、直辖市人民政府根据全国矿产资源规划中分配给本省、自治区、直辖市的矿产资源编制实施；并做出统筹安排，合理划定省、市、县级人民政府审批、开发矿产资源的范围。

矿产资源行业开发规划和地区开发规划应当报送国务院计划行政主管部门、地质矿产主管部门备案。

国务院计划行政主管部门、地质矿产主管部门，对不符合全国矿产资源规划的行业开发规划和地区开发规划，应当予以纠正。

第二十七条　设立、变更或者撤销国家规划矿区、对国民经济具有重要价值的矿区，由国务院有关主管部门提出，并附具矿产资源详查报告及论证材料，经国务院计划行政主管部门和地质矿产主管部门审定，并联合书面通知有关县级人民政府。县级人民政府应当自收到通知之日起一个月内予以公告，并报国务院计划行政主管部门、地质矿产主管部门备案。

第二十八条　确定或者撤销国家规定实行保护性开采的特定矿种，由国务院有关主管部门提出，并附具论证材料，经国务院计划行政主管部门和地质矿产主管部门审核同意后，报国务院批准。

第二十九条　单位或者个人开采矿产资源前，应当委托持有相应矿山设计证书的单位进行可行性研究和设计。开采零星分散矿产资源和用作建筑材料的砂、石、黏土的，可以不进行可行性研究和设计，但是应当有开采方案和环境保护措施。

矿山设计必须依据设计任务书，采用合理的开采顺序、开采方法和选矿工艺。

矿山设计必须按照国家有关规定审批；未经批准，不得施工。

第三十条　采矿权人享有下列权利：

（一）按照采矿许可证规定的开采范围和期限从事开采活动；

（二）自行销售矿产品，但是国务院规定由指定的单位统一收购的矿产品除外；

（三）在矿区范围内建设采矿所需的生产和生活设施；

（四）根据生产建设的需要依法取得土地使用权；

（五）法律、法规规定的其他权利。

采矿权人行使前款所列权利时，法律、法规规定应当经过批准或者履行其他手续的，依照有关法律、法规的规定办理。

第三十一条　采矿权人应当履行下列义务：

（一）在批准的期限内进行矿山建设或者开采；

（二）有效保护、合理开采、综合利用矿产资源；

（三）依法缴纳资源税和矿产资源补偿费；

（四）遵守国家有关劳动安全、水土保持、土地复垦和环境保护的法律、法规；

（五）接受地质矿产主管部门和有关主管部门的监督管理，按照规定填报矿产储量表和矿产资源开发利用情况统计报告。

第三十二条　采矿权人在采矿许可证有效期满或者在有效期内，停办矿山而矿产资源尚未采完的，必须采取措施将资源保持在能够继续开采的状态，并事先完成下列工作：

（一）编制矿山开采现状报告及实测图件；

（二）按照有关规定报销所消耗的储量；

（三）按照原设计实际完成相应的有关劳动安全、水土保持、土地复垦和环境保护工作，或者缴清土地复垦和环境保护的有关费用。

采矿权人停办矿山的申请，须经原批准开办矿山的主管部门批准、原颁发采矿许可证的机关验收合格后，方可办理有关证、照注销手续。

第三十三条 矿山企业关闭矿山，应当按照下列程序办理审批手续：

（一）开采活动结束的前一年，向原批准开办矿山的主管部门提出关闭矿山申请，并提交闭坑地质报告；

（二）闭坑地质报告经原批准开办矿山的主管部门审核同意后，报地质矿产主管部门会同矿产储量审批机构批准；

（三）闭坑地质报告批准后，采矿权人应当编写关闭矿山报告，报请原批准开办矿山的主管部门会同同级地质矿产主管部门和有关主管部门按照有关行业规定批准。

第三十四条 关闭矿山报告批准后，矿山企业应当完成下列工作：

（一）按照国家有关规定将地质、测量、采矿资料整理归档，并汇交闭坑地质报告、关闭矿山报告及其他有关资料；

（二）按照批准的关闭矿山报告，完成有关劳动安全、水土保持、土地复垦和环境保护工作，或者缴清土地复垦和环境保护的有关费用。

矿山企业凭关闭矿山报告批准文件和有关部门对完成上述工作提供的证明，报请原颁发采矿许可证的机关办理采矿许可证注销手续。

第三十五条 建设单位在建设铁路、公路、工厂、水库、输油管道、输电线路和各种大型建筑物前，必须向所在地的省、自治区、直辖市人民政府地质矿产主管部门了解拟建工程所在地区的矿产资源分布情况，并在建设项目设计任务书报请审批时附具地质矿产主管部门的证明。在上述建设项目与重要矿床的开采发生矛盾时，由国务院有关主管部门或者省、自治区、直辖市人民政府提出方案，经国务院地质矿产主管部门提出意见后，报国务院计划行政主管部门决定。

第三十六条　采矿权人之间对矿区范围发生争议时，由当事人协商解决；协商不成的，由矿产资源所在地的县级以上地方人民政府根据依法核定的矿区范围处理；跨省、自治区、直辖市的矿区范围争议，当事人协商不成的，由有关省、自治区、直辖市人民政府协商解决；协商不成的，由国务院地质矿产主管部门提出处理意见，报国务院决定。

第五章　集体所有制矿山企业、私营矿山企业和个体采矿者

第三十七条　国家依法保护集体所有制矿山企业、私营矿山企业和个体采矿者的合法权益，依法对集体所有制矿山企业、私营矿山企业和个体采矿者进行监督管理。

第三十八条　集体所有制矿山企业可以开采下列矿产资源：

（一）不适于国家建设大、中型矿山的矿床及矿点；

（二）经国有矿山企业同意，并经其上级主管部门批准，在其矿区范围内划出的边缘零星矿产；

（三）矿山闭坑后，经原矿山企业主管部门确认可以安全开采并不会引起严重环境后果的残留矿体；

（四）国家规划可以由集体所有制矿山企业开采的其他矿产资源。

集体所有制矿山企业开采前款第（二）项所列矿产资源时，必须与国有矿山企业签定合理开发利用矿产资源和矿山安全协议，不得浪费和破坏矿产资源，并不得影响国有矿山企业的生产安全。

第三十九条　私营矿山企业开采矿产资源的范围参照本细则

第三十八条的规定执行。

第四十条　个体采矿者可以采挖下列矿产资源：

（一）零星分散的小矿体或者矿点；

（二）只能用作普通建筑材料的砂、石、黏土。

第四十一条　国家设立国家规划矿区、对国民经济具有重要价值的矿区时，对应当撤出的原采矿权人，国家按照有关规定给予合理补偿。

第六章　法律责任

第四十二条　依照《矿产资源法》第三十九条、第四十条、第四十二条、第四十三条、第四十四条规定处以罚款的，分别按照下列规定执行：

（一）未取得采矿许可证擅自采矿的，擅自进入国家规划矿区、对国民经济具有重要价值的矿区和他人矿区范围采矿的，擅自开采国家规定实行保护性开采的特定矿种的，处以违法所得50%以下的罚款；

（二）超越批准的矿区范围采矿的，处以违法所得30%以下的罚款；

（三）买卖、出租或者以其他形式转让矿产资源的，买卖、出租采矿权的，对卖方、出租方、出让方处以违法所得一倍以下的罚款；

（四）非法用采矿权作抵押的，处以5000元以下的罚款；

（五）违反规定收购和销售国家规定统一收购的矿产品的，处以违法所得一倍以下的罚款；

（六）采取破坏性的开采方法开采矿产资源，造成矿产资源严重破坏的，处以相当于矿产资源损失价值50%以下的罚款。

第四十三条　违反本细则规定，有下列行为之一的，对主管人员和直接责任人员给予行政处分；构成犯罪的，依法追究刑事责任：

（一）批准不符合办矿条件的单位或者个人开办矿山的；

（二）对未经依法批准的矿山企业或者个人颁发采矿许可证的。

第七章　附　则

第四十四条　地下水资源具有水资源和矿产资源的双重属性。地下水资源的勘查，适用《矿产资源法》和本细则；地下水资源的开发、利用、保护和管理，适用《水法》和有关的行政法规。

第四十五条　本细则由地质矿产部负责解释。

第四十六条　本细则自发布之日起施行。

矿产资源勘查区块登记管理办法

（1998年2月12日国务院令第240号发布　根据2014年7月29日《国务院关于修改部分行政法规的决定》修订）

第一条　为了加强对矿产资源勘查的管理，保护探矿权人的合法权益，维护矿产资源勘查秩序，促进矿业发展，根据《中华人民共和国矿产资源法》，制定本办法。

第二条　在中华人民共和国领域及管辖的其他海域勘查矿产资源，必须遵守本办法。

第三条　国家对矿产资源勘查实行统一的区块登记管理制度。矿产资源勘查工作区范围以经纬度1′×1′划分的区块为基本单位区块。每个勘查项目允许登记的最大范围：

（一）矿泉水为10个基本单位区块；

（二）金属矿产、非金属矿产、放射性矿产为40个基本单位区块；

（三）地热、煤、水气矿产为200个基本单位区块；

（四）石油、天然气矿产为2500个基本单位区块。

第四条　勘查下列矿产资源，由国务院地质矿产主管部门审批登记，颁发勘查许可证：

（一）跨省、自治区、直辖市的矿产资源；

（二）领海及中国管辖的其他海域的矿产资源；

（三）外商投资勘查的矿产资源；

（四）本办法附录所列的矿产资源。

勘查石油、天然气矿产的，经国务院指定的机关审查同意后，由国务院地质矿产主管部门登记，颁发勘查许可证。

勘查下列矿产资源，由省、自治区、直辖市人民政府地质矿产主管部门审批登记，颁发勘查许可证，并应当自发证之日起10日内，向国务院地质矿产主管部门备案：

（一）本条第一款、第二款规定以外的矿产资源；

（二）国务院地质矿产主管部门授权省、自治区、直辖市人民政府地质矿产主管部门审批登记的矿产资源。

第五条　勘查出资人为探矿权申请人；但是，国家出资勘查的，国家委托勘查的单位为探矿权申请人。

第六条　探矿权申请人申请探矿权时，应当向登记管理机关提交下列资料：

（一）申请登记书和申请的区块范围图；

（二）勘查单位的资格证书复印件；

（三）勘查工作计划、勘查合同或者委托勘查的证明文件；

（四）勘查实施方案及附件；

（五）勘查项目资金来源证明；

（六）国务院地质矿产主管部门规定提交的其他资料。

申请勘查石油、天然气的，还应当提交国务院批准设立石油公司或者同意进行石油、天然气勘查的批准文件以及勘查单位法人资格证明。

第七条　申请石油、天然气滚动勘探开发的，应当向登记管理机关提交下列资料，经批准，办理登记手续，领取滚动勘探开发的采矿许可证：

（一）申请登记书和滚动勘探开发矿区范围图；

（二）国务院计划主管部门批准的项目建议书；

（三）需要进行滚动勘探开发的论证材料；

（四）经国务院矿产储量审批机构批准进行石油、天然气滚动勘探开发的储量报告；

（五）滚动勘探开发利用方案。

第八条　登记管理机关应当自收到申请之日起 40 日内，按照申请在先的原则作出准予登记或者不予登记的决定，并通知探矿权申请人。对申请勘查石油、天然气的，登记管理机关还应当在收到申请后及时予以公告或者提供查询。

登记管理机关应当保证国家地质勘查计划一类项目的登记，具体办法由国务院地质矿产主管部门会同国务院计划主管部门制定。

需要探矿权申请人修改或者补充本办法第六条规定的资料的，登记管理机关应当通知探矿权申请人限期修改或者补充。

准予登记的，探矿权申请人应当自收到通知之日起 30 日内，依照本办法第十二条的规定缴纳探矿权使用费，并依照本办法第十三条的规定缴纳国家出资勘查形成的探矿权价款，办理登记手续，领取勘查许可证，成为探矿权人。

不予登记的，登记管理机关应当向探矿权申请人说明理由。

第九条　禁止任何单位和个人进入他人依法取得探矿权的勘查作业区内进行勘查或者采矿活动。

探矿权人与采矿权人对勘查作业区范围和矿区范围发生争议的，由当事人协商解决；协商不成的，由发证的登记管理机关中级别高的登记管理机关裁决。

第十条　勘查许可证有效期最长为 3 年；但是，石油、天然气勘查许可证有效期最长为 7 年。需要延长勘查工作时间的，探矿权人应当在勘查许可证有效期届满的 30 日前，到登记管理机关办理延续登记手续，每次延续时间不得超过 2 年。

探矿权人逾期不办理延续登记手续的，勘查许可证自行废止。

石油、天然气滚动勘探开发的采矿许可证有效期最长为 15 年；但是，探明储量的区块，应当申请办理采矿许可证。

第十一条　登记管理机关应当自颁发勘查许可证之日起 10

日内，将登记发证项目的名称、探矿权人、区块范围和勘查许可证期限等事项，通知勘查项目所在地的县级人民政府负责地质矿产管理工作的部门。

登记管理机关对勘查区块登记发证情况，应当定期予以公告。

第十二条　国家实行探矿权有偿取得的制度。探矿权使用费以勘查年度计算，逐年缴纳。

探矿权使用费标准：第一个勘查年度至第三个勘查年度，每平方公里每年缴纳 100 元；从第四个勘查年度起，每平方公里每年增加 100 元，但是最高不得超过每平方公里每年 500 元。

第十三条　申请国家出资勘查并已经探明矿产地的区块的探矿权的，探矿权申请人除依照本办法第十二条的规定缴纳探矿权使用费外，还应当缴纳国家出资勘查形成的探矿权价款；探矿权价款按照国家有关规定，可以一次缴纳，也可以分期缴纳。

国家出资勘查形成的探矿权价款，由具有矿业权评估资质的评估机构进行评估；评估报告报登记管理机关备案。

第十四条　探矿权使用费和国家出资勘查形成的探矿权价款，由登记管理机关收取，全部纳入国家预算管理。具体管理、使用办法，由国务院地质矿产主管部门会同国务院财政部门、计划主管部门制定。

第十五条　有下列情形之一的，由探矿权人提出申请，经登记管理机关按照国务院地质矿产主管部门会同国务院财政部门制定的探矿权使用费和探矿权价款的减免办法审查批准，可以减缴、免缴探矿权使用费和探矿权价款：

（一）国家鼓励勘查的矿种；

（二）国家鼓励勘查的区域；

（三）国务院地质矿产主管部门会同国务院财政部门规定的其他情形。

第十六条　探矿权可以通过招标投标的方式有偿取得。

登记管理机关依照本办法第四条规定的权限确定招标区块，发布招标公告，提出投标要求和截止日期；但是，对境外招标的区块由国务院地质矿产主管部门确定。

登记管理机关组织评标，采取择优原则确定中标人。中标人缴纳本办法第十二条、第十三条规定的费用后，办理登记手续，领取勘查许可证，成为探矿权人，并履行标书中承诺的义务。

第十七条　探矿权人应当自领取勘查许可证之日起，按照下列规定完成最低勘查投入：

（一）第一个勘查年度，每平方公里 2000 元；

（二）第二个勘查年度，每平方公里 5000 元；

（三）从第三个勘查年度起，每个勘查年度每平方公里10000 元。

探矿权人当年度的勘查投入高于最低勘查投入标准的，高于的部分可以计入下一个勘查年度的勘查投入。

因自然灾害等不可抗力的原因，致使勘查工作不能正常进行的，探矿权人应当自恢复正常勘查工作之日起 30 日内，向登记管理机关提交申请核减相应的最低勘查投入的报告；登记管理机关应当自收到报告之日起 30 日内予以批复。

第十八条　探矿权人应当自领取勘查许可证之日起 6 个月内开始施工；在开始勘查工作时，应当向勘查项目所在地的县级人民政府负责地质矿产管理工作的部门报告，并向登记管理机关报告开工情况。

第十九条　探矿权人在勘查许可证有效期内进行勘查时，发现符合国家边探边采规定要求的复杂类型矿床的，可以申请开采，经登记管理机关批准，办理采矿登记手续。

第二十条　探矿权人在勘查石油、天然气等流体矿产期间，需要试采的，应当向登记管理机关提交试采申请，经批准后可以试采 1 年；需要延长试采时间的，必须办理登记手续。

第二十一条　探矿权人在勘查许可证有效期内探明可供开采的矿体后，经登记管理机关批准，可以停止相应区块的最低勘查投入，并可以在勘查许可证有效期届满的 30 日前，申请保留探矿权。但是，国家为了公共利益或者因技术条件暂时难以利用等情况，需要延期开采的除外。

保留探矿权的期限，最长不得超过 2 年，需要延长保留期的，可以申请延长 2 次，每次不得超过 2 年；保留探矿权的范围为可供开采的矿体范围。

在停止最低勘查投入期间或者探矿权保留期间，探矿权人应当依照本办法的规定，缴纳探矿权使用费。

探矿权保留期届满，勘查许可证应当予以注销。

第二十二条　有下列情形之一的，探矿权人应当在勘查许可证有效期内，向登记管理机关申请变更登记：

（一）扩大或者缩小勘查区块范围的；

（二）改变勘查工作对象的；

（三）经依法批准转让探矿权的；

（四）探矿权人改变名称或者地址的。

第二十三条　探矿权延续登记和变更登记，其勘查年度、探矿权使用费和最低勘查投入连续计算。

第二十四条　有下列情形之一的，探矿权人应当在勘查许可证有效期内，向登记管理机关递交勘查项目完成报告或者勘查项目终止报告，报送资金投入情况报表和有关证明文件，由登记管理机关核定其实际勘查投入后，办理勘查许可证注销登记手续：

（一）勘查许可证有效期届满，不办理延续登记或者不申请保留探矿权的；

（二）申请采矿权的；

（三）因故需要撤销勘查项目的。

自勘查许可证注销之日起 90 日内，原探矿权人不得申请已经注销的区块范围内的探矿权。

第二十五条　登记管理机关需要调查勘查投入、勘查工作进展情况，探矿权人应当如实报告并提供有关资料，不得虚报、瞒报，不得拒绝检查。

对探矿权人要求保密的申请登记资料、勘查工作成果资料和财务报表，登记管理机关应当予以保密。

第二十六条　违反本办法规定，未取得勘查许可证擅自进行勘查工作的，超越批准的勘查区块范围进行勘查工作的，由县级以上人民政府负责地质矿产管理工作的部门按照国务院地质矿产主管部门规定的权限，责令停止违法行为，予以警告，可以并处 10 万元以下的罚款。

第二十七条　违反本办法规定，未经批准，擅自进行滚动勘探开发、边探边采或者试采的，由县级以上人民政府负责地质矿产管理工作的部门按照国务院地质矿产主管部门规定的权限，责令停止违法行为，予以警告，没收违法所得，可以并处 10 万元以下的罚款。

第二十八条　违反本办法规定，擅自印制或者伪造、冒用勘查许可证的，由县级以上人民政府负责地质矿产管理工作的部门按照国务院地质矿产主管部门规定的权限，没收违法所得，可以并处 10 万元以下的罚款；构成犯罪的，依法追究刑事责任。

第二十九条　违反本办法规定，有下列行为之一的，由县级以上人民政府负责地质矿产管理工作的部门按照国务院地质矿产主管部门规定的权限，责令限期改正；逾期不改正的，处 5 万元以下的罚款；情节严重的，原发证机关可以吊销勘查许可证：

（一）不按照本办法的规定备案、报告有关情况、拒绝接受监督检查或者弄虚作假的；

（二）未完成最低勘查投入的；

（三）已经领取勘查许可证的勘查项目，满6个月未开始施工，或者施工后无故停止勘查工作满6个月的。

第三十条 违反本办法规定，不办理勘查许可证变更登记或者注销登记手续的，由登记管理机关责令限期改正；逾期不改正的，由原发证机关吊销勘查许可证。

第三十一条 违反本办法规定，不按期缴纳本办法规定应当缴纳的费用的，由登记管理机关责令限期缴纳，并从滞纳之日起每日加收千分之二的滞纳金；逾期仍不缴纳的，由原发证机关吊销勘查许可证。

第三十二条 违反本办法规定勘查石油、天然气矿产的，由国务院地质矿产主管部门按照本办法的有关规定给予行政处罚。

第三十三条 探矿权人被吊销勘查许可证的，自勘查许可证被吊销之日起6个月内，不得再申请探矿权。

第三十四条 登记管理机关工作人员徇私舞弊、滥用职权、玩忽职守，构成犯罪的，依法追究刑事责任；尚不构成犯罪的，依法给予行政处分。

第三十五条 勘查许可证由国务院地质矿产主管部门统一印制。申请登记书、变更申请登记书、探矿权保留申请登记书和注销申请登记书的格式，由国务院地质矿产主管部门统一制定。

第三十六条 办理勘查登记手续，应当按照规定缴纳登记费。收费标准和管理、使用办法，由国务院物价主管部门会同国务院地质矿产主管部门、财政部门规定。

第三十七条 外商投资勘查矿产资源的，依照本办法的规定办理；法律、行政法规另有特别规定的，从其规定。

第三十八条 中外合作勘查矿产资源的，中方合作者应当在签订合同后，将合同向原发证机关备案。

第三十九条 本办法施行前已经取得勘查许可证的，由国务院地质矿产主管部门统一组织换领新的勘查许可证。探矿权使用费、最低勘查投入按照重新登记后的第一个勘查年度计算，并可以依照本办法的规定申请减缴、免缴。

第四十条　本办法附录的修改，由国务院地质矿产主管部门报国务院批准后公布。

第四十一条　本办法自发布之日起施行。1987 年 4 月 29 日国务院发布的《矿产资源勘查登记管理暂行办法》和 1987 年 12 月 16 日国务院批准、石油工业部发布的《石油及天然气勘查、开采登记管理暂行办法》同时废止。

附录

国务院地质矿产主管部门审批发证矿种目录

1	煤	13	铬	25	稀土
2	石油	14	钴	26	磷
3	油页岩	15	铁	27	钾
4	烃类天然气	16	铜	28	硫
5	二氧化碳气	17	铅	29	锶
6	煤成（层）气	18	锌	30	金刚石
7	地热	19	铝	31	铌
8	放射性矿产	20	镍	32	钽
9	金	21	钨	33	石棉
10	银	22	锡	34	矿泉水
11	铂	23	锑		
12	锰	24	钼		

矿产资源开采登记管理办法

（1998年2月12日国务院令第241号发布　根据2014年7月29日《国务院关于修改部分行政法规的决定》修正）

第一条　为了加强对矿产资源开采的管理，保护采矿权人的合法权益，维护矿产资源开采秩序，促进矿业发展，根据《中华人民共和国矿产资源法》，制定本办法。

第二条　在中华人民共和国领域及管辖的其他海域开采矿产资源，必须遵守本办法。

第三条　开采下列矿产资源，由国务院地质矿产主管部门审批登记，颁发采矿许可证：

（一）国家规划矿区和对国民经济具有重要价值的矿区内的矿产资源；

（二）领海及中国管辖的其他海域的矿产资源；

（三）外商投资开采的矿产资源；

（四）本办法附录所列的矿产资源。

开采石油、天然气矿产的，经国务院指定的机关审查同意后，由国务院地质矿产主管部门登记，颁发采矿许可证。

开采下列矿产资源，由省、自治区、直辖市人民政府地质矿产主管部门审批登记，颁发采矿许可证：

（一）本条第一款、第二款规定以外的矿产储量规模中型以上的矿产资源；

（二）国务院地质矿产主管部门授权省、自治区、直辖市人民政府地质矿产主管部门审批登记的矿产资源。

开采本条第一款、第二款、第三款规定以外的矿产资源，由县级以上地方人民政府负责地质矿产管理工作的部门，按照省、自治区、直辖市人民代表大会常务委员会制定的管理办法审批登记，颁发采矿许可证。

矿区范围跨县级以上行政区域的，由所涉及行政区域的共同上一级登记管理机关审批登记，颁发采矿许可证。

县级以上地方人民政府负责地质矿产管理工作的部门在审批发证后，应当逐级向上一级人民政府负责地质矿产管理工作的部门备案。

第四条　采矿权申请人在提出采矿权申请前，应当根据经批准的地质勘查储量报告，向登记管理机关申请划定矿区范围。

需要申请立项，设立矿山企业的，应当根据划定的矿区范围，按照国家规定办理有关手续。

第五条　采矿权申请人申请办理采矿许可证时，应当向登记管理机关提交下列资料：

（一）申请登记书和矿区范围图；

（二）采矿权申请人资质条件的证明；

（三）矿产资源开发利用方案；

（四）依法设立矿山企业的批准文件；

（五）开采矿产资源的环境影响评价报告；

（六）国务院地质矿产主管部门规定提交的其他资料。

申请开采国家规划矿区或者对国民经济具有重要价值的矿区内的矿产资源和国家实行保护性开采的特定矿种的，还应当提交国务院有关主管部门的批准文件。

申请开采石油、天然气的，还应当提交国务院批准设立石油公司或者同意进行石油、天然气开采的批准文件以及采矿企业法人资格证明。

第六条　登记管理机关应当自收到申请之日起40日内，作出准予登记或者不予登记的决定，并通知采矿权申请人。

需要采矿权申请人修改或者补充本办法第五条规定的资料的，登记管理机关应当通知采矿权申请人限期修改或者补充。

准予登记的，采矿权申请人应当自收到通知之日起 30 日内，依照本办法第九条的规定缴纳采矿权使用费，并依照本办法第十条的规定缴纳国家出资勘查形成的采矿权价款，办理登记手续，领取采矿许可证，成为采矿权人。

不予登记的，登记管理机关应当向采矿权申请人说明理由。

第七条　采矿许可证有效期，按照矿山建设规模确定：大型以上的，采矿许可证有效期最长为 30 年；中型的，采矿许可证有效期最长为 20 年；小型的，采矿许可证有效期最长为 10 年。采矿许可证有效期满，需要继续采矿的，采矿权人应当在采矿许可证有效期届满的 30 日前，到登记管理机关办理延续登记手续。

采矿权人逾期不办理延续登记手续的，采矿许可证自行废止。

第八条　登记管理机关在颁发采矿许可证后，应当通知矿区范围所在地的有关县级人民政府。有关县级人民政府应当自收到通知之日起 90 日内，对矿区范围予以公告，并可以根据采矿权人的申请，组织埋设界桩或者设置地面标志。

第九条　国家实行采矿权有偿取得的制度。采矿权使用费，按照矿区范围的面积逐年缴纳，标准为每平方公里每年 1000 元。

第十条　申请国家出资勘查并已经探明矿产地的采矿权的，采矿权申请人除依照本办法第九条的规定缴纳采矿权使用费外，还应当缴纳国家出资勘查形成的采矿权价款；采矿权价款按照国家有关规定，可以一次缴纳，也可以分期缴纳。

国家出资勘查形成的采矿权价款，由具有矿业权评估资质的评估机构进行评估；评估报告报登记管理机关备案。

第十一条　采矿权使用费和国家出资勘查形成的采矿权价款由登记管理机关收取，全部纳入国家预算管理。具体管理。使用办法，由国务院地质矿产主管部门会同国务院财政部门、计划主管部门制定。

第十二条　有下列情形之一的，由采矿权人提出申请，经省级以上人民政府登记管理机关按照国务院地质矿产主管部门会同国务院财政部门制定的采矿权使用费和采矿权价款的减免办法审查批准，可以减缴。免缴采矿权使用费和采矿权价款：

（一）开采边远贫困地区的矿产资源的；

（二）开采国家紧缺的矿种的；

（三）因自然灾害等不可抗力的原因，造成矿山企业严重亏损或者停产的；

（四）国务院地质矿产主管部门和国务院财政部门规定的其他情形。

第十三条　采矿权可以通过招标投标的方式有偿取得。

登记管理机关依照本办法第三条规定的权限确定招标的矿区范围，发布招标公告，提出投标要求和截止日期；但是，对境外招标的矿区范围由国务院地质矿产主管部门确定。

登记管理机关组织评标，采取择优原则确定中标人。中标人缴纳本办法第九条、第十条规定的费用后，办理登记手续，领取采矿许可证，成为采矿权人，并履行标书中承诺的义务。

第十四条　登记管理机关应当对本行政区域内的采矿权人合理开发利用矿产资源、保护环境及其他应当履行的法定义务等情况依法进行监督检查。采矿权人应当如实报告有关情况，并提交年度报告。

第十五条　有下列情形之一的，采矿权人应当在采矿许可证有效期内，向登记管理机关申请变更登记：

（一）变更矿区范围的；

（二）变更主要开采矿种的；

（三）变更开采方式的；

（四）变更矿山企业名称的；

（五）经依法批准转让采矿权的。

第十六条　采矿权人在采矿许可证有效期内或者有效期届满、停办、关闭矿山的，应当自决定停办或者关闭矿山之日起30内，向原发证机关申请办理采矿许可证注销登记手续。

第十七条　任何单位和个人未领取采矿许可证擅自采矿的，擅自进入国家规划矿区和对国民经济具有重要价值的矿区范围采矿的，擅自开采国家规定实行保护性开采的特定矿种的，超越批准的矿区范围采矿的，由登记管理机关依照有关法律、行政法规的规定予以处罚。

第十八条　不依照本办法规定提交年度报告、拒绝接受监督检查或者弄虚作假的，由县级以上人民政府负责地质矿产管理工作的部门按照国务院地质矿产主管部门规定的权限，责令停止违法行为，予以警告，可以并处5万元以下的罚款；情节严重的，由原发证机关吊销采矿许可证。

第十九条　破坏或者擅自移动矿区范围界桩或者地面标志的，由县级以上人民政府负责地质矿产管理工作的部门按照国务院地质矿产主管部门规定的权限，责令限期恢复；情节严重的，处3万元以下的罚款。

第二十条　擅自印制或者伪造、冒用采矿许可证的，由县级以上人民政府负责地质矿产管理工作的部门按照国务院地质矿产主管部门规定的权限，没收违法所得，可以并处10万元以下的罚款；构成犯罪的，依法追究刑事责任。

第二十一条　违反本办法规定，不按期缴纳本办法规定应当缴纳的费用的，由登记管理机关责令限期缴纳，并从滞纳之日起每日加收千分之二的滞纳金；逾期仍不缴纳的，由原发证机关吊销采矿许可证。

第二十二条　违反本办法规定，不办理采矿许可证变更登记或者注销登记手续的，由登记管理机关责令限期改正；逾期不改正的，由原发证机关吊销采矿许可证。

第二十三条　违反本办法规定开采石油、天然气矿产的，由国务院地质矿产主管部门按照本办法的有关规定给予行政处罚。

第二十四条　采矿权人被吊销采矿许可证的，自采矿许可证被吊销之日起2年内不得再申请采矿权。

第二十五条　登记管理机关工作人员徇私舞弊、滥用职权、玩忽职守，构成犯罪的，依法追究刑事责任；尚不构成犯罪的，依法给予行政处分。

第二十六条　采矿许可证由国务院地质矿产主管部门统一印制。申请登记书、变更申请登记书和注销申请登记书的格式，由国务院地质矿产主管部门统一制定。

第二十七条　办理采矿登记手续，应当按照规定缴纳登记费。收费标准和管理、使用办法，由国务院物价主管部门会同国务院地质矿产主管部门、财政部门规定。

第二十八条　外商投资开采矿产资源，依照本办法的规定办理；法律、行政法规另有特别规定的，从其规定。

第二十九条　中外合作开采矿产资源的，中方合作者应当在签订合同后，将合同向原发证机关备案。

第三十条　本办法施行前已经取得采矿许可证的，由国务院地质矿产主管部门统一组织换领新采矿许可证。

本办法施行前已经开办的矿山企业，应当自本办法施行之日起开始缴纳采矿权使用费，并可以依照本办法的规定申请减缴、免缴。

第三十一条　登记管理机关应当对颁发的采矿许可证和吊销的采矿许可证予以公告。

第三十二条　本办法所称矿区范围，是指经登记管理机关依法划定的可供开采矿产资源的范围、井巷工程设施分布范围或者露天剥离范围的立体空间区域。

本办法所称开采方式，是指地下开采或者露天开采。

第三十三条　本办法附录的修改，由国务院地质矿产主管部门报国务院批准后公布。

第三十四条　本办法自发布之日起施行。1987 年 4 月 29 日国务院发布的《全民所有制矿山企业采矿登记管理暂行办法》和 1990 年 11 月 22 日《国务院关于修改〈全民所有制矿山企业采矿登记管理暂行办法〉的决定》同时废止。

附录

国务院地质矿产主管部门审批发证矿种目录

1	煤	13	铬	25	稀土
2	石油	14	钴	26	磷
3	油页岩	15	铁	27	钾
4	烃类天然气	16	铜	28	硫
5	二氧化碳气	17	铅	29	锶
6	煤成（层）气	18	锌	30	金刚石
7	地热	19	铝	31	铌
8	放射性矿产	20	镍	32	钽
9	金	21	钨	33	石棉
10	银	22	锡	34	矿泉水
11	铂	23	锑		
12	锰	24	钼		

探矿权采矿权转让管理办法

（1998 年 2 月 12 日国务院令第 242 号发布　根据 2014 年 7 月 29 日《国务院关于修改部分行政法规的决定》修订）

第一条　为了加强对探矿权、采矿权转让的管理，保护探矿权人、采矿权人的合法权益，促进矿业发展，根据《中华人民共和国矿产资源法》，制定本办法。

第二条　在中华人民共和国领域及管辖的其他海域转让依法取得的探矿权、采矿权的，必须遵守本办法。

第三条　除按照下列规定可以转让外，探矿权、采矿权不得转让：

（一）探矿权人有权在划定的勘查作业区内进行规定的勘查作业，有权优先取得勘查作业区内矿产资源的采矿权。探矿权人在完成规定的最低勘查投入后，经依法批准，可以将探矿权转让他人。

（二）已经取得采矿权的矿山企业，因企业合并、分立，与他人合资、合作经营，或者因企业资产出售以及有其他变更企业资产产权的情形，需要变更采矿权主体的，经依法批准，可以将采矿权转让他人采矿。

第四条　国务院地质矿产主管部门和省、自治区、直辖市人民政府地质矿产主管部门是探矿权、采矿权转让的审批管理机关。

国务院地质矿产主管部门负责由其审批发证的探矿权、采矿权转让的审批。

省、自治区、直辖市人民政府地质矿产主管部门负责本条第二款规定以外的探矿权、采矿权转让的审批。

第五条　转让探矿权，应当具备下列条件：

（一）自颁发勘查许可证之日起满 2 年，或者在勘查作业区内发现可供进一步勘查或者开采的矿产资源；

（二）完成规定的最低勘查投入；

（三）探矿权属无争议；

（四）按照国家有关规定已经缴纳探矿权使用费、探矿权价款；

（五）国务院地质矿产主管部门规定的其他条件。

第六条　转让采矿权，应当具备下列条件：

（一）矿山企业投入采矿生产满 1 年；

（二）采矿权属无争议；

（三）按照国家有关规定已经缴纳采矿权使用费、采矿权价款、矿产资源补偿费和资源税；

（四）国务院地质矿产主管部门规定的其他条件。

国有矿山企业在申请转让采矿权前，应当征得矿山企业主管部门的同意。

第七条　探矿权或者采矿权转让的受让人，应当符合《矿产资源勘查区块登记管理办法》或者《矿产资源开采登记管理办法》规定的有关探矿权申请人或者采矿权申请人的条件。

第八条　探矿权人或者采矿权人在申请转让探矿权或者采矿权时，应当向审批管理机关提交下列资料：

（一）转让申请书；

（二）转让人与受让人签订的转让合同；

（三）受让人资质条件的证明文件；

（四）转让人具备本办法第五条或者第六条规定的转让条件的证明；

（五）矿产资源勘查或者开采情况的报告；

（六）审批管理机关要求提交的其他有关资料。

国有矿山企业转让采矿权时，还应当提交有关主管部门同意转让采矿权的批准文件。

第九条　转让国家出资勘查所形成的探矿权、采矿权的，必须进行评估。

国家出资勘查形成的探矿权、采矿权价款，由具有矿业权评估资质的评估机构进行评估；评估报告报探矿权、采矿权登记管理机关备案。

第十条　申请转让探矿权、采矿权的，审批管理机关应当自收到转让申请之日起 40 日内，作出准予转让或者不准转让的决定，并通知转让人和受让人。

准予转让的，转让人和受让人应当自收到批准转让通知之日起 60 日内，到原发证机关办理变更登记手续；受让人按照国家规定缴纳有关费用后，领取勘查许可证或者采矿许可证，成为探矿权人或者采矿权人。

批准转让的，转让合同自批准之日起生效。

不准转让的，审批管理机关应当说明理由。

第十一条　审批管理机关批准转让探矿权、采矿权后，应当及时通知原发证机关。

第十二条　探矿权、采矿权转让后，探矿权人、采矿权人的权利、义务随之转移。

第十三条　探矿权、采矿权转让后，勘查许可证、采矿许可证的有效期限，为原勘查许可证。采矿许可证的有效减去已经进行勘查、采矿的年限的剩余期限。

第十四条　未经审批管理机关批准，擅自转让探矿权、采矿权的，由登记管理机关责令改正，没收违法所得，处 10 万元以下的罚款；情节严重的，由原发证机关吊销勘查许可证、采矿许可证。

第十五条　违反本办法第三条第（二）项的规定，以承包等方式擅自将采矿权转给他人进行采矿的，由县级以上人民政府负责地质矿产管理工作的部门按照国务院地质矿产主管部门规定的权限，责令改正，没收违法所得，处 10 万元以下的罚款；情节严重的，由原发证机关吊销采矿许可证。

第十六条　审批管理机关工作人员徇私舞弊、滥用职权、玩忽职守，构成犯罪的，依法追究刑事责任；尚不构成犯罪的，依法给予行政处分。

第十七条　探矿权转让申请书、采矿权转让申请书的格式，由国务院地质矿产主管部门统一制定。

第十八条　本办法自发布之日起施行。

地质资料管理条例

（2002 年 3 月 19 日国务院令第 349 号发布　根据 2016 年 2 月 6 日《国务院关于修改部分行政法规的决定》第一次修订　根据 2017 年 3 月 1 日《国务院关于修改和废止部分行政法规的决定》第二次修订）

第一章　总　则

第一条　为加强对地质资料的管理，充分发挥地质资料的作用，保护地质资料汇交人的合法权益，制定本条例。

第二条　地质资料的汇交、保管和利用，适用本条例。

本条例所称地质资料，是指在地质工作中形成的文字、图表、声像、电磁介质等形式的原始地质资料、成果地质资料和岩矿芯、各类标本、光薄片、样品等实物地质资料。

第三条　国务院地质矿产主管部门负责全国地质资料汇交、保管、利用的监督管理。

省、自治区、直辖市人民政府地质矿产主管部门负责本行政区域内地质资料汇交、保管、利用的监督管理。

第四条　国务院地质矿产主管部门和省、自治区、直辖市人民政府地质矿产主管部门的地质资料馆（以下简称地质资料馆）以及受国务院地质矿产主管部门委托的地质资料保管单位（以下简称地质资料保管单位）承担地质资料的保管和提供利用工作。

第五条　国家建立地质资料信息系统。

第六条　在地质资料管理工作中做出突出贡献的单位和个

人，由国务院地质矿产主管部门或者省、自治区、直辖市人民政府地质矿产主管部门给予奖励。

第二章　地质资料的汇交

第七条　在中华人民共和国领域及管辖的其他海域从事矿产资源勘查开发的探矿权人或者采矿权人，为地质资料汇交人。

在中华人民共和国领域及管辖的其他海域从事前款规定以外地质工作项目的，其出资人为地质资料汇交人；但是，由国家出资的，承担有关地质工作项目的单位为地质资料汇交人。

第八条　国家对地质资料实行统一汇交制度。

地质资料汇交人应当按照本条例附件规定的范围汇交地质资料。

除成果地质资料、国家规定需要汇交的原始地质资料和实物地质资料外，其他的原始地质资料和实物地质资料只需汇交目录。国家规定需要汇交的原始地质资料和实物地质资料细目，由国务院地质矿产主管部门商国务院有关部门制定。

第九条　本条例附件规定的下列地质资料，由地质资料汇交人向国务院地质矿产主管部门汇交：

（一）石油、天然气、煤层气和放射性矿产的地质资料；

（二）海洋地质资料；

（三）国务院地质矿产主管部门规定应当向其汇交的其他地质资料。

前款规定以外的地质资料，由地质资料汇交人向地质工作项目所在地的省、自治区、直辖市人民政府地质矿产主管部门汇交。

第十条　地质资料汇交人应当按照下列规定的期限汇交地质资料：

（一）探矿权人应当在勘查许可证有效期届满的 30 日前

汇交；

（二）除下列情形外，采矿权人应当在采矿许可证有效期届满的 90 日前汇交：

1. 属于阶段性关闭矿井的，自关闭之日起 180 日内汇交；

2. 采矿权人开发矿产资源时，发现新矿体、新矿种或者矿产资源储量发生重大变化的，自开发勘探工作结束之日起 180 日内汇交；

（三）因违反探矿权、采矿权管理规定，被吊销勘查许可证或者采矿许可证的，自处罚决定生效之日起 15 日内汇交；

（四）工程建设项目地质资料，自该项目竣工验收之日起 180 日内汇交；

（五）其他的地质资料，自地质工作项目结束之日起 180 日内汇交。

第十一条　因不可抗力，地质资料汇交人不能按照本条例第十条规定的期限汇交地质资料的，应当将造成延期汇交地质资料的不可抗力事实书面告知负责接收地质资料的地质矿产主管部门。

第十二条　汇交的地质资料，应当符合国务院地质矿产主管部门的有关规定及国家有关技术标准。

任何单位和个人不得伪造地质资料，不得在地质资料汇交中弄虚作假。

第十三条　汇交的地质资料，经验收合格后，由负责接收地质资料的地质矿产主管部门出具地质资料汇交凭证，并按照国务院地质矿产主管部门的规定及时移交地质资料馆或者地质资料保管单位。

第三章　地质资料的保管和利用

第十四条　地质资料馆和地质资料保管单位，应当建立地质资料的整理、保管制度，配置保存、防护、安全等必要设施，配备专业技术人员，保障地质资料的完整和安全。

第十五条　探矿权人、采矿权人汇交的地质资料，自勘查许可证、采矿许可证有效期届满之日起 30 日内，由地质资料馆或者地质资料保管单位予以公开；勘查许可证、采矿许可证获准延期的，自延续期届满之日起 30 日内，由地质资料馆或者地质资料保管单位予以公开。

前款规定以外的地质资料，自汇交之日起 90 日内，由地质资料馆或者地质资料保管单位予以公开。需要保护的，由接收地质资料的单位按照国务院地质矿产主管部门的规定予以保护。

第十六条　涉及国家秘密或者著作权的地质资料的保护、公开和利用，按照保守国家秘密法、著作权法的有关规定执行。

第十七条　保护期内的地质资料，只公开资料目录。但是，汇交人书面同意提前公开其汇交的地质资料的，自其同意之日起，由地质资料馆或者地质资料保管单位予以公开。

第十八条　保护期内的地质资料可以有偿利用，具体方式由利用人与地质资料汇交人协商确定。但是，利用保护期内国家出资勘查、开发取得的地质资料的，按照国务院地质矿产主管部门的规定执行。

因救灾等公共利益需要，政府及其有关部门可以无偿利用保护期内的地质资料。

第十九条　地质资料的利用人应当按照规定利用地质资料，不得损毁、散失地质资料。

地质资料馆和地质资料保管单位应当按照规定管理地质资料，不得非法披露、提供利用保护期内的地质资料或者封锁公开的地质资料。

第四章　法律责任

第二十条　未依照本条例规定的期限汇交地质资料的，由负责接收地质资料的地质矿产主管部门责令限期汇交；逾期不汇交的，处 1 万元以上 5 万元以下罚款，并予以通报，自发布通报之日起至逾期未汇交的资料全部汇交之日止，该汇交人不得申请新的探矿权、采矿权，不得承担国家出资的地质工作项目。

第二十一条　伪造地质资料或者在地质资料汇交中弄虚作假的，由负责接收地质资料的地质矿产主管部门没收、销毁地质资料，责令限期改正，处 10 万元罚款；逾期不改正的，通知原发证机关吊销其勘查许可证、采矿许可证或者取消其承担该地质工作项目的资格，自处罚决定生效之日起 2 年内，该汇交人不得申请新的探矿权、采矿权，不得承担国家出资的地质工作项目。

第二十二条　地质矿产主管部门、地质资料馆、地质资料保管单位违反本条例规定，有下列情形之一的，对直接负责的主管人员和其他直接责任人员依法给予行政处分；造成损失的，依法予以赔偿：

（一）非法披露、提供利用保护期内的地质资料的；

（二）封锁地质资料，限制他人查阅、利用公开的地质资料的；

（三）不按照规定管理地质资料，造成地质资料损毁、散失的。

地质资料利用人损毁、散失地质资料的，依法予以赔偿。

第二十三条　非法披露、提供利用保密的地质资料的，依照保守国家秘密法的规定予以处罚。

第五章　附　则

第二十四条　本条例施行前，汇交人按照规定应当汇交而没有汇交的地质资料，由国务院地质矿产主管部门组织清查后，按照本条例汇交、保管和提供利用。

第二十五条　由国家出资在中华人民共和国领域及管辖的其

他海域以外从事地质工作所取得的地质资料的汇交，参照本条例执行。

第二十六条　本条例自 2002 年 7 月 1 日起施行。1988 年 5 月 20 日国务院批准、原地质矿产部发布的《全国地质资料汇交管理办法》同时废止。

附件

地质资料汇交范围

一、区域地质调查资料，包括：各种比例尺的区域地质调查地质资料。

二、矿产地质资料，包括：矿产勘查和矿山开发勘探及关闭矿井地质资料。

三、石油、天然气、煤层气地质资料，包括：石油、天然气、煤层气资源评价、地质勘查以及开发阶段的地质资料。

四、海洋地质资料，包括：海洋（含远洋）地质矿产调查、地形地貌调查、海底地质调查、水文地质、工程地质、环境地质调查、地球物理、地球化学调查及海洋钻井（完井）地质资料。

五、水文地质、工程地质资料，包括：

（一）区域的或者国土整治、国土规划区的水文地质、工程地质调查地质资料和地下水资源评价、地下水动态监测的地质资料。

（二）大中型城市、重要能源和工业基地、县（旗）以上农田（牧区）的重要供水水源地的地质勘查资料。

（三）地质情况复杂的铁路干线，大中型水库、水坝，大型水电站、火电站、核电站、抽水蓄能电站，重点工程的地下储库、洞（硐）室，主要江河的铁路、公路特大桥，地下铁道、6 公里以上的长隧道，大中型港口码头、通航建筑物工程等国家重要工程建设项目的水文地质、工程地质勘查地质资料。

（四）单独编写的矿区水文地质、工程地质资料，地下热水、矿泉水等专门性水文地质资料以及岩溶地质资料。

（五）重要的小型水文地质、工程地质勘查资料。

六、环境地质、灾害地质资料，包括：

（一）地下水污染区域、地下水人工补给、地下水环境背景值、地方病区等水文地质调查资料。

（二）地面沉降、地面塌陷、地面开裂及滑坡崩塌、泥石流等地质灾害调查资料。

（三）建设工程引起的地质环境变化的专题调查资料，重大工程和经济区的环境地质调查评价资料等。

（四）地质环境监测资料。

（五）地质灾害防治工程勘查资料。

七、地震地质资料，包括：自然地震地质调查、宏观地震考察、地震烈度考察地质资料。

八、物探、化探和遥感地质资料，包括：区域物探、区域化探地质资料；物探、化探普查、详查地质资料；遥感地质资料及与重要经济建设区、重点工程项目和与大中城市的水文、工程、环境地质工作有关的物探、化探地质资料。

九、地质、矿产科学研究成果及综合分析资料，包括：

（一）经国家和省一级成果登记的各类地质、矿产科研成果资料及各种区域性图件。

（二）矿产产地资料汇编、矿产储量表、成矿远景区划、矿产资源总量预测、矿产资源分析以及地质志、矿产志等综合资料。

十、专项研究地质资料，包括：旅游地质、农业地质、天体地质、深部地质、火山地质、第四纪地质、新构造运动、冰川地质、黄土地质、冻土地质以及土壤、沼泽调查、极地地质等地质资料。

土地复垦条例

（2011 年 3 月 5 日 国务院令第 592 号）

第一章 总 则

第一条 为了落实十分珍惜、合理利用土地和切实保护耕地的基本国策，规范土地复垦活动，加强土地复垦管理，提高土地利用的社会效益、经济效益和生态效益，根据《中华人民共和国土地管理法》，制定本条例。

第二条 本条例所称土地复垦，是指对生产建设活动和自然灾害损毁的土地，采取整治措施，使其达到可供利用状态的活动。

第三条 生产建设活动损毁的土地，按照"谁损毁，谁复垦"的原则，由生产建设单位或者个人（以下称土地复垦义务人）负责复垦。但是，由于历史原因无法确定土地复垦义务人的生产建设活动损毁的土地（以下称历史遗留损毁土地），由县级以上人民政府负责组织复垦。

自然灾害损毁的土地，由县级以上人民政府负责组织复垦。

第四条 生产建设活动应当节约集约利用土地，不占或者少占耕地；对依法占用的土地应当采取有效措施，减少土地损毁面积，降低土地损毁程度。

土地复垦应当坚持科学规划、因地制宜、综合治理、经济可行、合理利用的原则。复垦的土地应当优先用于农业。

第五条 国务院国土资源主管部门负责全国土地复垦的监督管理工作。县级以上地方人民政府国土资源主管部门负责本行政区域土地复垦的监督管理工作。

县级以上人民政府其他有关部门依照本条例的规定和各自的职责做好土地复垦有关工作。

第六条 编制土地复垦方案、实施土地复垦工程、进行土地复垦验收等活动，应当遵守土地复垦国家标准；没有国家标准的，应当遵守土地复垦行业标准。

制定土地复垦国家标准和行业标准，应当根据土地损毁的类型、程度、自然地理条件和复垦的可行性等因素，分类确定不同类型损毁土地的复垦方式、目标和要求等。

第七条 县级以上地方人民政府国土资源主管部门应当建立土地复垦监测制度，及时掌握本行政区域土地资源损毁和土地复垦效果等情况。

国务院国土资源主管部门和省、自治区、直辖市人民政府国土资源主管部门应当建立健全土地复垦信息管理系统，收集、汇总和发布土地复垦数据信息。

第八条 县级以上人民政府国土资源主管部门应当依据职责加强对土地复垦情况的监督检查。被检查的单位或者个人应当如实反映情况，提供必要的资料。

任何单位和个人不得扰乱、阻挠土地复垦工作，破坏土地复垦工程、设施和设备。

第九条 国家鼓励和支持土地复垦科学研究和技术创新，推广先进的土地复垦技术。

对在土地复垦工作中作出突出贡献的单位和个人，由县级以上人民政府给予表彰。

第二章 生产建设活动损毁土地的复垦

第十条 下列损毁土地由土地复垦义务人负责复垦：

（一）露天采矿、烧制砖瓦、挖沙取土等地表挖掘所损毁的土地；

（二）地下采矿等造成地表塌陷的土地；

（三）堆放采矿剥离物、废石、矿渣、粉煤灰等固体废弃物压占的土地；

（四）能源、交通、水利等基础设施建设和其他生产建设活动临时占用所损毁的土地。

第十一条　土地复垦义务人应当按照土地复垦标准和国务院国土资源主管部门的规定编制土地复垦方案。

第十二条　土地复垦方案应当包括下列内容：

（一）项目概况和项目区土地利用状况；

（二）损毁土地的分析预测和土地复垦的可行性评价；

（三）土地复垦的目标任务；

（四）土地复垦应当达到的质量要求和采取的措施；

（五）土地复垦工程和投资估（概）算；

（六）土地复垦费用的安排；

（七）土地复垦工作计划与进度安排；

（八）国务院国土资源主管部门规定的其他内容。

第十三条　土地复垦义务人应当在办理建设用地申请或者采矿权申请手续时，随有关报批材料报送土地复垦方案。

土地复垦义务人未编制土地复垦方案或者土地复垦方案不符合要求的，有批准权的人民政府不得批准建设用地，有批准权的国土资源主管部门不得颁发采矿许可证。

本条例施行前已经办理建设用地手续或者领取采矿许可证，本条例施行后继续从事生产建设活动造成土地损毁的，土地复垦义务人应当按照国务院国土资源主管部门的规定补充编制土地复垦方案。

第十四条　土地复垦义务人应当按照土地复垦方案开展土地复垦工作。矿山企业还应当对土地损毁情况进行动态监测和评价。

生产建设周期长、需要分阶段实施复垦的，土地复垦义务人应当对土地复垦工作与生产建设活动统一规划、统筹实施，根据生产建设进度确定各阶段土地复垦的目标任务、工程规划设计、费用安排、工程实施进度和完成期限等。

第十五条　土地复垦义务人应当将土地复垦费用列入生产成本或者建设项目总投资。

第十六条　土地复垦义务人应当建立土地复垦质量控制制度，遵守土地复垦标准和环境保护标准，保护土壤质量与生态环境，避免污染土壤和地下水。

土地复垦义务人应当首先对拟损毁的耕地、林地、牧草地进行表土剥离，剥离的表土用于被损毁土地的复垦。

禁止将重金属污染物或者其他有毒有害物质用作回填或者充填材料。受重金属污染物或者其他有毒有害物质污染的土地复垦后，达不到国家有关标准的，不得用于种植食用农作物。

第十七条　土地复垦义务人应当于每年 12 月 31 日前向县级以上地方人民政府国土资源主管部门报告当年的土地损毁情况、土地复垦费用使用情况以及土地复垦工程实施情况。

县级以上地方人民政府国土资源主管部门应当加强对土地复垦义务人使用土地复垦费用和实施土地复垦工程的监督。

第十八条　土地复垦义务人不复垦，或者复垦验收中经整改仍不合格的，应当缴纳土地复垦费，由有关国土资源主管部门代为组织复垦。

确定土地复垦费的数额，应当综合考虑损毁前的土地类型、实际损毁面积、损毁程度、复垦标准、复垦用途和完成复垦任务所需的工程量等因素。土地复垦费的具体征收使用管理办法，由国务院财政、价格主管部门商国务院有关部门制定。

土地复垦义务人缴纳的土地复垦费专项用于土地复垦。任何单位和个人不得截留、挤占、挪用。

第十九条　土地复垦义务人对在生产建设活动中损毁的由其他单位或者个人使用的国有土地或者农民集体所有的土地，除负责复垦外，还应当向遭受损失的单位或者个人支付损失补偿费。

损失补偿费由土地复垦义务人与遭受损失的单位或者个人按照造成的实际损失协商确定；协商不成的，可以向土地所在地人民政府国土资源主管部门申请调解或者依法向人民法院提起民事诉讼。

第二十条　土地复垦义务人不依法履行土地复垦义务的，在申请新的建设用地时，有批准权的人民政府不得批准；在申请新的采矿许可证或者申请采矿许可证延续、变更、注销时，有批准权的国土资源主管部门不得批准。

第三章　历史遗留损毁土地和自然灾害损毁土地的复垦

第二十一条　县级以上人民政府国土资源主管部门应当对历史遗留损毁土地和自然灾害损毁土地进行调查评价。

第二十二条　县级以上人民政府国土资源主管部门应当在调查评价的基础上，根据土地利用总体规划编制土地复垦专项规划，确定复垦的重点区域以及复垦的目标任务和要求，报本级人民政府批准后组织实施。

第二十三条　对历史遗留损毁土地和自然灾害损毁土地，县级以上人民政府应当投入资金进行复垦，或者按照"谁投资，谁受益"的原则，吸引社会投资进行复垦。土地权利人明确的，可以采取扶持、优惠措施，鼓励土地权利人自行复垦。

第二十四条　国家对历史遗留损毁土地和自然灾害损毁土地的复垦按项目实施管理。

县级以上人民政府国土资源主管部门应当根据土地复垦专项规划和年度土地复垦资金安排情况确定年度复垦项目。

第二十五条　政府投资进行复垦的，负责组织实施土地复垦项目的国土资源主管部门应当组织编制土地复垦项目设计书，明确复垦项目的位置、面积、目标任务、工程规划设计、实施进度及完成期限等。

土地权利人自行复垦或者社会投资进行复垦的，土地权利人或者投资单位、个人应当组织编制土地复垦项目设计书，并报负责组织实施土地复垦项目的国土资源主管部门审查同意后实施。

第二十六条　政府投资进行复垦的，有关国土资源主管部门应当依照招标投标法律法规的规定，通过公开招标的方式确定土地复垦项目的施工单位。

土地权利人自行复垦或者社会投资进行复垦的，土地复垦项目的施工单位由土地权利人或者投资单位、个人依法自行确定。

第二十七条　土地复垦项目的施工单位应当按照土地复垦项目设计书进行复垦。

负责组织实施土地复垦项目的国土资源主管部门应当健全项目管理制度，加强项目实施中的指导、管理和监督。

第四章　土地复垦验收

第二十八条　土地复垦义务人按照土地复垦方案的要求完成土地复垦任务后，应当按照国务院国土资源主管部门的规定向所在地县级以上地方人民政府国土资源主管部门申请验收，接到申请的国土资源主管部门应当会同同级农业、林业、环境保护等有关部门进行验收。

进行土地复垦验收，应当邀请有关专家进行现场踏勘，查验复垦后的土地是否符合土地复垦标准以及土地复垦方案的要求，核实复垦后的土地类型、面积和质量等情况，并将初步验收结果公告，听取相关权利人的意见。相关权利人对土地复垦完成情况提出异议的，国土资源主管部门应当会同有关部门进一步核查，并将核查情况向相关权利人反馈；情况属实的，应当向土地复垦义务人提出整改意见。

第二十九条　负责组织验收的国土资源主管部门应当会同有关部门在接到土地复垦验收申请之日起 60 个工作日内完成验收，经验收合格的，向土地复垦义务人出具验收合格确认书；经验收不合格的，向土地复垦义务人出具书面整改意见，列明需要整改的事项，由土地复垦义务人整改完成后重新申请验收。

第三十条　政府投资的土地复垦项目竣工后，负责组织实施土地复垦项目的国土资源主管部门应当依照本条例第二十八条第二款的规定进行初步验收。初步验收完成后，负责组织实施土地复垦项目的国土资源主管部门应当按照国务院国土资源主管部门的规定向上级人民政府国土资源主管部门申请最终验收。上级人民政府国土资源主管部门应当会同有关部门及时组织验收。

土地权利人自行复垦或者社会投资进行复垦的土地复垦项目竣工后，由负责组织实施土地复垦项目的国土资源主管部门会同有关部门进行验收。

第三十一条　复垦为农用地的，负责组织验收的国土资源主管部门应当会同有关部门在验收合格后的 5 年内对土地复垦效果进行跟踪评价，并提出改善土地质量的建议和措施。

第五章　土地复垦激励措施

第三十二条　土地复垦义务人在规定的期限内将生产建设活动损毁的耕地、林地、牧草地等农用地复垦恢复原状的，依照国家有关税收法律法规的规定退还已经缴纳的耕地占用税。

第三十三条　社会投资复垦的历史遗留损毁土地或者自然灾害损毁土地，属于无使用权人的国有土地的，经县级以上人民政府依法批准，可以确定给投资单位或者个人长期从事种植业、林业、畜牧业或者渔业生产。

社会投资复垦的历史遗留损毁土地或者自然灾害损毁土地，属于农民集体所有土地或者有使用权人的国有土地的，有关国土资源主管部门应当组织投资单位或者个人与土地权利人签订土地复垦协议，明确复垦的目标任务以及复垦后的土地使用和收益分配。

第三十四条　历史遗留损毁和自然灾害损毁的国有土地的使用权人，以及历史遗留损毁和自然灾害损毁的农民集体所有土地的所有权人、使用权人，自行将损毁土地复垦为耕地的，由县级以上地方人民政府给予补贴。

第三十五条　县级以上地方人民政府将历史遗留损毁和自然灾害损毁的建设用地复垦为耕地的，按照国家有关规定可以作为本省、自治区、直辖市内进行非农建设占用耕地时的补充耕地指标。

第六章　法律责任

第三十六条　负有土地复垦监督管理职责的部门及其工作人员有下列行为之一的，对直接负责的主管人员和其他直接责任人员，依法给予处分；直接负责的主管人员和其他直接责任人员构成犯罪的，依法追究刑事责任：

（一）违反本条例规定批准建设用地或者批准采矿许可证及采矿许可证的延续、变更、注销的；

（二）截留、挤占、挪用土地复垦费的；

（三）在土地复垦验收中弄虚作假的；

（四）不依法履行监督管理职责或者对发现的违反本条例的行为不依法查处的；

（五）在审查土地复垦方案、实施土地复垦项目、组织土地复垦验收以及实施监督检查过程中，索取、收受他人财物或者谋取其他利益的；

（六）其他徇私舞弊、滥用职权、玩忽职守行为。

第三十七条　本条例施行前已经办理建设用地手续或者领取采矿许可证，本条例施行后继续从事生产建设活动造成土地损毁的土地复垦义务人未按照规定补充编制土地复垦方案的，由县级以上地方人民政府国土资源主管部门责令限期改正；逾期不改正的，处10万元以上20万元以下的罚款。

第三十八条　土地复垦义务人未按照规定将土地复垦费用列入生产成本或者建设项目总投资的，由县级以上地方人民政府国土资源主管部门责令限期改正；逾期不改正的，处10万元以上50万元以下的罚款。

第三十九条　土地复垦义务人未按照规定对拟损毁的耕地、林地、牧草地进行表土剥离，由县级以上地方人民政府国土资源主管部门责令限期改正；逾期不改正的，按照应当进行表土剥离的土地面积处每公顷1万元的罚款。

第四十条　土地复垦义务人将重金属污染物或者其他有毒有害物质用作回填或者充填材料的，由县级以上地方人民政府环境保护主管部门责令停止违法行为，限期采取治理措施，消除污染，处10万元以上50万元以下的罚款；逾期不采取治理措施的，环境保护主管部门可以指定有治理能力的单位代为治理，所需费用由违法者承担。

第四十一条　土地复垦义务人未按照规定报告土地损毁情况、土地复垦费用使用情况或者土地复垦工程实施情况的，由县级以上地方人民政府国土资源主管部门责令限期改正；逾期不改正的，处2万元以上5万元以下的罚款。

第四十二条　土地复垦义务人依照本条例规定应当缴纳土地复垦费而不缴纳的，由县级以上地方人民政府国土资源主管部门责令限期缴纳；逾期不缴纳的，处应缴纳土地复垦费1倍以上2倍以下的罚款，土地复垦义务人为矿山企业的，由颁发采矿许可证的机关吊销采矿许可证。

第四十三条　土地复垦义务人拒绝、阻碍国土资源主管部门监督检查，或者在接受监督检查时弄虚作假的，由国土资源主管部门责令改正，处 2 万元以上 5 万元以下的罚款；有关责任人员构成违反治安管理行为的，由公安机关依法予以治安管理处罚；有关责任人员构成犯罪的，依法追究刑事责任。

破坏土地复垦工程、设施和设备，构成违反治安管理行为的，由公安机关依法予以治安管理处罚；构成犯罪的，依法追究刑事责任。

第七章　附　则

第四十四条　本条例自公布之日起施行。1988 年 11 月 8 日国务院发布的《土地复垦规定》同时废止。

中华人民共和国对外合作
开采陆上石油资源条例

（1993 年 10 月 7 日国务院令第 131 号发布　根据 2001 年 9 月 23 日《国务院关于修改〈中华人民共和国对外合作开采陆上石油资源条例〉的决定》第一次修订　根据 2007 年 9 月 18 日《国务院关于修改〈中华人民共和国对外合作开采陆上石油资源条例〉的决定》第二次修订　根据 2011 年 9 月 30 日《国务院关于修改〈中华人民共和国对外合作开采陆上石油资源条例〉的决定》第三次修订　根据 2013 年 7 月 18 日《国务院关于废止和修改部分行政法规的决定》第四次修订）

第一章　总　则

第一条　为保障石油工业的发展，促进国际经济合作和技术交流，制定本条例。

第二条　在中华人民共和国境内从事中外合作开采陆上石油资源活动，必须遵守本条例。

第三条　中华人民共和国境内的石油资源属于中华人民共和国国家所有。

第四条　中国政府依法保护参加合作开采陆上石油资源的外国企业的合作开采活动及其投资、利润和其他合法权益。

在中华人民共和国境内从事中外合作开采陆上石油资源活动，必须遵守中华人民共和国的有关法律、法规和规章，并接受中国政府有关机关的监督管理。

第五条　国家对参加合作开采陆上石油资源的外国企业的投资和收益不实行征收。在特殊情况下，根据社会公共利益的需要，可以对外国企业在合作开采中应得石油的一部分或者全部，依照法律程序实行征收，并给予相应的补偿。

第六条　国务院指定的部门负责在国务院批准的合作区域内，划分合作区块，确定合作方式，组织制定有关规划和政策，审批对外合作油（气）田总体开发方案。

第七条　中国石油天然气集团公司、中国石油化工集团公司（以下简称中方石油公司）负责对外合作开采陆上石油资源的经营业务；负责与外国企业谈判、签订、执行合作开采陆上石油资源的合同；在国务院批准的对外合作开采陆上石油资源的区域内享有与外国企业合作进行石油勘探、开发、生产的专营权。

第八条　中方石油公司在国务院批准的对外合作开采陆上石油资源的区域内，按划分的合作区块，通过招标或者谈判，确定合作开采陆上石油资源的外国企业，签订合作开采石油合同或者其他合作合同，并向中华人民共和国商务部报送合同有关情况。

第九条　对外合作区块公布后，除中方石油公司与外国企业进行合作开采陆上石油资源活动外，其他企业不得进入该区块内进行石油勘查活动，也不得与外国企业签订在该区块内进行石油开采的经济技术合作协议。

对外合作区块公布前，已进入该区块进行石油勘查（尚处于区域评价勘查阶段）的企业，在中方石油公司与外国企业签订合同后，应当撤出。该企业所取得的勘查资料，由中方石油公司负责销售，以适当补偿其投资。该区块发现有商业开采价值的油（气）田后，从该区块撤出的企业可以通过投资方式参与开发。

国务院指定的部门应当根据合同的签订和执行情况，定期对所确定的对外合作区块进行调整。

第十条　对外合作开采陆上石油资源，应当遵循兼顾中央与地方利益的原则，通过吸收油（气）田所在地的资金对有商业开采价值的油（气）田的开发进行投资等方式，适当照顾地方利益。

有关地方人民政府应当依法保护合作区域内正常的生产经营活动，并在土地使用、道路通行、生活服务等方面给予有效协助。

第十一条　对外合作开采陆上石油资源，应当依法纳税。

第十二条　为执行合同所进口的设备和材料，按照国家有关规定给予减税、免税或者给予税收方面的其他优惠。具体办法由财政部会同海关总署制定。

第二章　外国合同者的权利和义务

第十三条　中方石油公司与外国企业合作开采陆上石油资源必须订立合同，除法律、法规另有规定或者合同另有约定外，应当由签订合同的外国企业（以下简称外国合同者）单独投资进行勘探，负责勘探作业，并承担勘探风险；发现有商业开采价值的油（气）田后，由外国合同者与中方石油公司共同投资合作开发；外国合同者并应承担开发作业和生产作业，直至中方石油公司按照合同约定接替生产作业为止。

第十四条　外国合同者可以按照合同约定，从生产的石油中回收其投资和费用，并取得报酬。

第十五条　外国合同者根据国家有关规定和合同约定，可以将其应得的石油和购买的石油运往国外，也可以依法将其回收的投资、利润和其他合法收益汇往国外。

外国合同者在中华人民共和国境内销售其应得的石油，一般由中方石油公司收购，也可以采取合同双方约定的其他方式销售，但是不得违反国家有关在中华人民共和国境内销售石油产品的规定。

第十六条　外国合同者开立外汇账户和办理其他外汇事宜，应当遵守《中华人民共和国外汇管理条例》和国家有关外汇管理的其他规定。

外国合同者的投资，应当采用美元或者其他可自由兑换货币。

第十七条　外国合同者应当依法在中华人民共和国境内设立分公司、子公司或者代表机构。

前款机构的设立地点由外国合同者与中方石油公司协商确定。

第十八条　外国合同者在执行合同的过程中，应当及时地、准确地向中方石油公司报告石油作业情况，完整地、准确地取得各项石油作业的数据、记录、样品、凭证和其他原始资料，并按规定向中方石油公司提交资料和样品以及技术、经济、财会、行政方面的各种报告。

第十九条　外国合同者执行合同，除租用第三方的设备外，按照计划和预算所购置和建造的全部资产，在其投资按照合同约定得到补偿或者该油（气）田生产期期满后，所有权属于中方石油公司。在合同期内，外国合同者可以按照合同约定使用这些资产。

第三章　石油作业

第二十条　作业者必须根据国家有关开采石油资源的规定，制订油（气）田总体开发方案，并经国务院指定的部门批准后，实施开发作业和生产作业。

第二十一条　石油合同可以约定石油作业所需的人员，作业者可以优先录用中国公民。

第二十二条　作业者和承包者在实施石油作业中，应当遵守国家有关环境保护和安全作业方面的法律、法规和标准，并按照国际惯例进行作业，保护农田、水产、森林资源和其他自然资源，防止对大气、海洋、河流、湖泊、地下水和陆地其他环境的污染和损害。

第二十三条　在实施石油作业中使用土地的，应当依照《中华人民共和国土地管理法》和国家其他有关规定办理。

第二十四条　本条例第十八条规定的各项石油作业的数据、记录、样品、凭证和其他原始资料，所有权属于中方石油公司。

前款所列数据、记录、样品、凭证和其他原始资料的使用、转让、赠与、交换、出售、发表以及运出、传送到中华人民共和国境外，必须按照国家有关规定执行。

第四章　争议的解决

第二十五条　合作开采陆上石油资源合同的当事人因执行合同发生争议时，应当通过协商或者调解解决；不愿协商、调解，或者协商、调解不成的，可以根据合同中的仲裁条款或者事后达成的书面仲裁协议，提交中国仲裁机构或者其他仲裁机构仲裁。

当事人未在合同中订立仲裁条款，事后又没有达成书面仲裁协议的，可以向中国人民法院起诉。

第五章　法律责任

第二十六条　违反本条例规定，有下列行为之一的，由国务院指定的部门依据职权责令限期改正，给予警告；在限期内不改正的，可以责令其停止实施石油作业；构成犯罪的，依法追究刑事责任。

（一）违反本条例第九条第一款规定，擅自进入对外合作区块进行石油勘查活动或者与外国企业签订在对外合作区块内进行石油开采合作协议的；

（二）违反本条例第十八条规定，在执行合同的过程中，未向中方石油公司及时、准确地报告石油作业情况的，未按规定向中方石油公司提交资料和样品以及技术、经济、财会、行政方面的各种报告的；

（三）违反本条例第二十条规定，油（气）田总体开发方案未经批准，擅自实施开发作业和生产作业的；

（四）违反本条例第二十四条第二款规定，擅自使用石油作业的数据、记录、样品、凭证和其他原始资料或者将其转让、赠与、交换、出售、发表以及运出、传送到中华人民共和国境外的。

　　第二十七条　违反本条例第十一条、第十六条、第二十二条、第二十三条规定的，由国家有关主管部门依照有关法律、法规的规定予以处罚；构成犯罪的，依法追究刑事责任。

第六章　附　则

　　第二十八条　本条例下列用语的含义：

（一）"石油"，是指蕴藏在地下的、正在采出的和已经采出的原油和天然气。

（二）"陆上石油资源"，是指蕴藏在陆地全境（包括海滩、岛屿及向外延伸至5米水深处的海域）的范围内的地下石油资源。

（三）"开采"，是指石油的勘探、开发、生产和销售及其有关的活动。

（四）"石油作业"，是指为执行合同而进行的勘探、开发和生产作业及其有关的活动。

（五）"勘探作业"，是指用地质、地球物理、地球化学和包括钻探井等各种方法寻找储藏石油圈闭所做的全部工作，以及在已发现石油的圈闭上为确定它有无商业价值所做的钻评价井、可行性研究和编制油（气）田的总体开发方案等全部工作。

（六）"开发作业"，是指自油（气）田总体开发方案被批准之日起，为实现石油生产所进行的设计、建造、安装、钻井工程等及其相应的研究工作，包括商业性生产开始之前的生产活动。

（七）"生产作业"，是指一个油（气）田从开始商业性生产之日起，为生产石油所进行的全部作业以及与其有关的活动。

第二十九条 本条例第四条、第十一条、第十二条、第十五条、第十六条、第十七条、第二十一条的规定，适用于外国承包者。

第三十条 对外合作开采煤层气资源由中联煤层气有限责任公司、国务院指定的其他公司实施专营，并参照本条例执行。

第三十一条 本条例自公布之日起施行。

中华人民共和国对外合作
开采海洋石油资源条例

（1982年1月30日国务院发布　根据2001年9月23日《国务院关于修改〈中华人民共和国对外合作开采海洋石油资源条例〉的决定》第一次修订　根据2011年1月8日《国务院关于废止和修改部分行政法规的决定》第二次修订　根据2011年9月30日《国务院关于修改〈中华人民共和国对外合作开采海洋石油资源条例〉的决定》第三次修订　根据2013年7月18日《国务院关于废止和修改部分行政法规的决定》第四次修订）

第一章　总　则

第一条　为促进国民经济的发展，扩大国际经济技术合作，在维护国家主权和经济利益的前提下允许外国企业参与合作开采中华人民共和国海洋石油资源，特制定本条例。

第二条　中华人民共和国的内海、领海、大陆架以及其他属于中华人民共和国海洋资源管辖海域的石油资源，都属于中华人民共和国国家所有。

在前款海域内，为开采石油而设置的建筑物、构筑物、作业船舶，以及相应的陆岸油（气）集输终端和基地，都受中华人民共和国管辖。

第三条　中国政府依法保护参与合作开采海洋石油资源的外国企业的投资、应得利润和其他合法权益，依法保护外国企业的合作开采活动。

　　在本条例范围内，合作开采海洋石油资源的一切活动，都应当遵守中华人民共和国的法律、法令和国家的有关规定；参与实施石油作业的企业和个人，都应当受中国法律的约束，接受中国政府有关主管部门的检查、监督。

　　第四条　国家对参加合作开采海洋石油资源的外国企业的投资和收益不实行征收。在特殊情况下，根据社会公共利益的需要，可以对外国企业在合作开采中应得石油的一部分或者全部，依照法律程序实行征收，并给予相应的补偿。

　　第五条　国务院指定的部门依据国家确定的合作海区、面积，决定合作方式，划分合作区块；依据国家规定制定同外国企业合作开采海洋石油资源的规划；制定对外合作开采海洋石油资源的业务政策和审批海上油（气）田的总体开发方案。

　　第六条　中华人民共和国对外合作开采海洋石油资源的业务，由中国海洋石油总公司全面负责。

　　中国海洋石油总公司是具有法人资格的国家公司，享有在对外合作海区内进行石油勘探、开发、生产和销售的专营权。

　　中国海洋石油总公司根据工作需要，可以设立地区公司、专业公司、驻外代表机构，执行总公司交付的任务。

　　第七条　中国海洋石油总公司就对外合作开采石油的海区、面积、区块，通过组织招标，确定合作开采海洋石油资源的外国企业，签订合作开采石油合同或者其他合作合同，并向中华人民共和国商务部报送合同有关情况。

第二章　石油合同各方的权利和义务

　　第八条　中国海洋石油总公司通过订立石油合同同外国企业合作开采海洋石油资源，除法律、行政法规另有规定或者石油合同另有约定外，应当由石油合同中的外国企业一方（以下称外国合同者）投资进行勘探，负责勘探作业，并承担全部勘探风险；发现商业性油（气）田后，由外国合同者同中国海洋石油总公司双方投资合作开发，外国合同者并应负责开发作业和生产作业，直至中国海洋石油总公司按照石油合同规定在条件具备的情况下接替生产作业。外国合同者可以按照石油合同规定，从生产的石油中回收其投资和费用，并取得报酬。

第九条　外国合同者可以将其应得的石油和购买的石油运往国外，也可以依法将其回收的投资、利润和其他正当收益汇往国外。

第十条　参与合作开采海洋石油资源的中国企业、外国企业，都应当依法纳税。

第十一条　为执行石油合同所进口的设备和材料，按照国家规定给予减税、免税，或者给予税收方面的其他优惠。

第十二条　外国合同者开立外汇账户和办理其他外汇事宜，应当遵守《中华人民共和国外汇管理条例》和国家有关外汇管理的其他规定。

第十三条　石油合同可以约定石油作业所需的人员，作业者可以优先录用中国公民。

第十四条　外国合同者在执行石油合同从事开发、生产作业过程中，必须及时地、准确地向中国海洋石油总公司报告石油作业情况；完整地、准确地取得各项石油作业的数据、记录、样品、凭证和其他原始资料，并定期向中国海洋石油总公司提交必要的资料和样品以及技术、经济、财会、行政方面的各种报告。

第十五条　外国合同者为执行石油合同从事开发、生产作业，应当在中华人民共和国境内设立分支机构或者代表机构，并依法履行登记手续。

前款机构的住所地应当同中国海洋石油总公司共同商量确定。

第十六条　本条例第三条、第九条、第十条、第十一条、第十五条的规定，对向石油作业提供服务的外国承包者，类推适用。

第三章　石油作业

第十七条　作业者必须根据本条例和国家有关开采石油资源的规定，参照国际惯例，制定油（气）田总体开发方案和实施生产作业，以达到尽可能高的石油采收率。

第十八条　外国合同者为执行石油合同从事开发、生产作业，应当使用中华人民共和国境内现有的基地；如需设立新基地，必须位于中华人民共和国境内。

前款新基地的具体地点，以及在特殊情况下需要采取的其他措施，都必须经中国海洋石油总公司书面同意。

第十九条　中国海洋石油总公司有权派人参加外国作业者为执行石油合同而进行的总体设计和工程设计。

第二十条　外国合同者为执行石油合同，除租用第三方的设备外，按计划和预算所购置和建造的全部资产，当外国合同者的投资按照规定得到补偿后，其所有权属于中国海洋石油总公司，在合同期内，外国合同者仍然可以依据合同的规定使用这些资产。

第二十一条　为执行石油合同所取得的各项石油作业的数据、记录、样品、凭证和其他原始资料，其所有权属于中国海洋石油总公司。

前款数据、记录、样品、凭证和其他原始资料的使用和转让、赠与、交换、出售、公开发表以及运出、传送出中华人民共和国，都必须按照国家有关规定执行。

第二十二条　作业者和承包者在实施石油作业中，应当遵守中华人民共和国有关环境保护和安全方面的法律规定，并参照国际惯例进行作业，保护渔业资源和其他自然资源，防止对大气、海洋、河流、湖泊和陆地等环境的污染和损害。

第二十三条 石油合同区产出的石油，应当在中华人民共和国登陆，也可以在海上油（气）外输计量点运出。如需在中华人民共和国以外的地点登陆，必须经国务院指定的部门批准。

第四章　附　则

第二十四条 在合作开采海洋石油资源活动中，外国企业和中国企业间发生的争执，应当通过友好协商解决。通过协商不能解决的，由中华人民共和国仲裁机构进行调解、仲裁，也可以由合同双方协议在其他仲裁机构仲裁。

第二十五条 作业者、承包者违反本条例规定实施石油作业的，由国务院指定的部门依据职权责令限期改正，给予警告；在限期内不改正的，可以责令其停止实施石油作业。由此造成的一切经济损失，由责任方承担。

第二十六条 本条例所用的术语，其定义如下：

（一）"石油"是指蕴藏在地下的、正在采出的和已经采出的原油和天然气。

（二）"开采"是泛指石油的勘探、开发、生产和销售及其有关的活动。

（三）"石油合同"是指中国海洋石油总公司同外国企业为合作开采中华人民共和国海洋石油资源，依法订立的包括石油勘探、开发和生产的合同。

（四）"合同区"是指在石油合同中为合作开采石油资源以地理坐标圈定的海域面积。

（五）"石油作业"是指为执行石油合同而进行的勘探、开发和生产作业及其有关的活动。

（六）"勘探作业"是指用地质、地球物理、地球化学和包括钻勘探井等各种方法寻找储藏石油的圈闭所做的全部工作，以及在已发现石油的圈闭上为确定它有无商业价值所做的钻评价井、可行性研究和编制油（气）田的总体开发方案等全部工作。

（七）"开发作业"是指从国务院指定的部门批准油（气）田的总体开发方案之日起，为实现石油生产所进行的设计、建造、安装、钻井工程等及其相应的研究工作，并包括商业性生产开始之前的生产活动。

（八）"生产作业"是指一个油（气）田从开始商业性生产之日起，为生产石油所进行的全部作业以及与其有关的活动，诸如采出、注入、增产、处理、贮运和提取等作业。

（九）"外国合同者"是指同中国海洋石油总公司签订石油合同的外国企业。外国企业可以是公司，也可以是公司集团。

（十）"作业者"是指按照石油合同的规定负责实施作业的实体。

（十一）"承包者"是指向作业者提供服务的实体。

第二十七条　本条例自公布之日起施行。

国务院办公厅关于加快煤层气
（煤矿瓦斯）抽采利用的若干意见

（国办发〔2006〕47号）

各省、自治区、直辖市人民政府，国务院各部委、各直属机构：

煤层气俗称煤矿瓦斯，是宝贵的能源资源。我国高瓦斯、煤与瓦斯突出矿井多，煤矿瓦斯一直是煤矿安全生产的重大隐患。近年来，煤矿重特大瓦斯爆炸事故时有发生，给人民群众生命财产造成了重大损失；同时，未经处理或回收的煤层气直接排放到大气中，也造成了严重的环境污染和资源浪费。为进一步加大煤层气抽采利用力度，强化煤矿瓦斯治理，减轻煤矿瓦斯灾害，经国务院同意，现就加快煤层气抽采利用提出以下意见：

一、加快煤层气抽采利用是贯彻以人为本，落实科学发展观，建设节约型社会的重要体现。必须坚持先抽后采、治理与利用并举的方针，采取各种鼓励和扶持措施，防范煤矿瓦斯事故，充分利用能源资源，有效保护生态环境。

二、煤层气抽采利用项目经各省（区、市）煤炭行业管理部门会同同级人民政府资源综合利用主管部门认定后，可享受有关鼓励和扶持政策。主要包括：井下抽采系统项目，地面钻探、泵站项目，输配气管网项目，煤层气压缩、提纯、储存和销售站点项目，利用煤层气发电、供民用燃烧及生产化工产品项目等。

三、煤层气年输气能力5亿立方米及以上的输气管网项目或跨省（区、市）输气管网项目，由国务院投资主管部门核准；年输气能力5亿立方米以下的输气管网项目，由省级人民政府投资主管部门核准。煤层气发电并网项目，由省级人民政府投资主管部门核准。煤矿企业自采自用煤层气项目，由煤矿企业自主决策，报地方人民政府投资主管部门备案。

四、国土资源管理部门要依法加强对煤层气勘查开采活动的监督管理，严格执行国家关于最低勘探投入量和施工期的基本要求，对达不到要求的，按照《矿产资源勘查区块登记管理办法》的有关规定予以处理。

五、煤层中吨煤瓦斯含量必须降低到规定标准以下，方可实施煤炭开采。煤矿安监局要会同有关部门组织制订具体标准，并加强监督检查。

六、坚持采气采煤一体化，依法清理并妥善解决煤层气和煤炭资源的矿业权交叉问题。凡新设探矿权，必须对煤层气、煤炭资源进行综合勘查、评价和储量认定。煤层中吨煤瓦斯含量高于规定标准且具备地面开发条件的，必须统一编制煤层气和煤炭开发利用方案，并优先选择地面煤层气抽采。煤层气和煤炭资源实施综合勘查、评价和储量认定的具体办法由国土资源部研究制订。

七、限制企业直接向大气中排放煤层气，环保总局要研究制订煤层气大气污染物排放的具体标准，并对超标准排放煤层气的企业依法实施处罚。

八、煤层气抽采利用项目建设用地，按国家有关规定予以优先安排。

九、煤矿企业提取的生产安全费用可用于煤层气井上井下抽采系统建设。

十、统筹规划煤层气和天然气输送管网建设。煤层气经处理后，质量达到规定标准的，可优先并入天然气管网及城市公共供气管网。煤层气售价由供需双方协商确定，各级人民政府价格主管部门要加强监管，防止无序竞争。

十一、煤矿企业利用煤层气发电，可自发自用；多余电量需要上网的，由电网企业优先安排上网销售，不参与市场竞争，发电机组并网前要符合并网的技术要求和电网安全运行的有关标准。利用煤层气发电，其上网电价执行国家价格主管部门批准的上网电价或执行当地火电脱硫机组标杆电价。

十二、进一步加大煤层气抽采利用的科技攻关力度，加大科技投入，有关部门要积极研究制定相关政策措施。

十三、对煤层气抽采利用实行税收优惠政策，具体办法由财政部会同税务总局、发展改革委等有关部门制订。

十四、煤层气抽采利用设备在基准年限基础上实行加速折旧，折旧资金在企业成本中列支。加速折旧的具体比例由税务总局商有关部门研究确定。

十五、对地面直接从事煤层气勘查开采的企业，2020年前可按国家有关规定申请减免探矿权使用费和采矿权使用费。

十六、各级人民政府要积极筹措资金，为煤层气抽采利用项目提供资金补助或贷款贴息。

国务院办公厅

二〇〇六年六月十五日

国务院关于印发《矿产资源权益金制度改革方案》的通知

（国发〔2017〕29号）

各省、自治区、直辖市人民政府，国务院各部委、各直属机构：

现将《矿产资源权益金制度改革方案》印发给你们，请认真贯彻执行。

国务院

二〇一七年四月十三日

矿产资源权益金制度改革方案

为落实党中央、国务院决策部署，更好地发挥矿产资源税费制度对维护国家权益、调节资源收益、筹集财政收入的重要作用，推进生态文明领域国家治理体系和治理能力现代化，现就矿产资源权益金制度改革制定以下方案。

一、总体要求

（一）指导思想。全面贯彻党的十八大和十八届三中、四中、五中、六中全会精神，深入贯彻习近平总书记系列重要讲话精神和治国理政新理念新思想新战略，认真落实党中央、国务院决策部署，统筹推进"五位一体"总体布局和协调推进"四个全面"战略布局，坚持稳中求进工作总基调，牢固树立和贯彻落实新发展理念，适应把握引领经济发展新常态，按照《生态文明体制改革总体方案》要求，坚持以推进供给侧结构性改革为主线，以维护和实现国家矿产资源权益为重点，以营造公平的矿业市场竞争环境为目的，建立符合我国特点的新型矿产资源权益金制度。

（二）基本原则。一是坚持维护国家矿产资源权益，完善矿产资源税费制度，推进矿业权竞争性出让，营造公平竞争的市场环境，合理调节矿产资源收入，有效遏制私挖乱采、贱卖资源行为。二是坚持落实矿业企业责任，督促企业高效利用资源、治理恢复环境，促进资源集约节约利用，同时按照"放管服"改革要求，加强事中事后监管，维护企业合法权益。三是坚持稳定中央和地方财力格局，兼顾矿产资源国家所有与矿产地利益，合理确定中央与地方矿产资源收入分配比例。

二、主要措施

（一）在矿业权出让环节，将探矿权采矿权价款调整为矿业权出让收益。将现行只对国家出资探明矿产地收取、反映国家投资收益的探矿权采矿权价款，调整为适用于所有国家出让矿业权、体现国家所有者权益的矿业权出让收益。以拍卖、挂牌方式出让的，竞得人报价金额为矿业权出让收益；以招标方式出让的，依据招标条件，综合择优确定竞得人，并将其报价金额确定为矿业权出让收益。以协议方式出让的，矿业权出让收益按照评估价值、类似条件的市场基准价就高确定。矿业权出让收益在出让时一次性确定，以货币资金方式支付，可以分期缴纳。具体征收办法由财政部会同国土资源部另行制定。同时，加快推进矿业权出让制度改革，实现与矿产资源权益金制度有机衔接。全面实现矿业权竞争性出让，严格限制协议出让行为，合理调整矿业权审批权限。

矿业权出让收益中央与地方分享比例确定为 4∶6，兼顾矿产资源国家所有与矿产地利益，保持现有中央和地方财力格局总体稳定，与我国矿产资源主要集中在中西部地区的国情相适应，同时有效抑制私挖乱采、贱卖资源行为。

（二）在矿业权占有环节，将探矿权采矿权使用费整合为矿业权占用费。将现行主要依据占地面积、单位面积按年定额征收的探矿权采矿权使用费，整合为根据矿产品价格变动情况和经济发展需要实行动态调整的矿业权占用费，有效防范矿业权市场中的"跑马圈地""圈而不探"行为，提高矿产资源利用效率。

矿业权占用费中央与地方分享比例确定为2∶8，不再实行探矿权采矿权使用费按照登记机关分级征收的办法。具体办法由财政部会同国土资源部制定。

（三）在矿产开采环节，组织实施资源税改革。贯彻落实党中央、国务院决策部署，做好资源税改革组织实施工作，对绝大部分矿产资源品目实行从价计征，使资源税与反映市场供求关系的资源价格挂钩，建立税收自动调节机制，增强税收弹性。同时，按照清费立税原则，将矿产资源补偿费并入资源税，取缔违规设立的各项收费基金，改变税费重复、功能交叉状况，规范税费关系。

（四）在矿山环境治理恢复环节，将矿山环境治理恢复保证金调整为矿山环境治理恢复基金。按照"放管服"改革的要求，将现行管理方式不一、审批动用程序复杂的矿山环境治理恢复保证金，调整为管理规范、责权统一、使用便利的矿山环境治理恢复基金，由矿山企业单设会计科目，按照销售收入的一定比例计提，计入企业成本，由企业统筹用于开展矿山环境保护和综合治理。有关部门根据各自职责，加强事中事后监管，建立动态监管机制，督促企业落实矿山环境治理恢复责任。

三、配套政策

（一）将矿业权出让收益、矿业权占用费纳入一般公共预算管理，并按照矿产资源法、物权法、预算法和《国务院关于印发推进财政资金统筹使用方案的通知》（国发〔2015〕35号）等有关规定精神，由各级财政统筹用于地质调查和矿山生态保护修复等方面支出。

（二）取消国有地勘单位探矿权采矿权价款转增国家资本金政策，营造公平竞争的市场环境，维护国家矿产资源权益，推动国有地勘单位加快转型，促进实现市场化运作。已转增国家资本金的探矿权采矿权价款可不再补缴，由国家出资的企业履行国有资本保值增值责任，并接受履行国有资产出资人职责的机构监管。

（三）建立健全矿业权人信用约束机制。建立以企业公示、社会监督、政府抽查、行业自律为主要特点的矿业权人信息公示制度，将矿山环境治理恢复与土地复垦方案、矿产资源税费缴纳情况纳入公示内容，设置违法"黑名单"，形成政府部门协同联动、行业组织自律管理、信用服务机构积极参与、社会舆论广泛监督的治理格局。

四、组织实施

各地区、各有关部门要充分认识矿产资源权益金制度改革的重要性和紧迫性，按照党中央、国务院决策部署，进一步加强对改革工作的组织领导。财政部、国土资源部要牵头建立矿产资源权益金制度改革部际协调机制，强化统筹协调，明确职责分工，会同有关部门抓紧制定矿产资源权益金征收使用的具体管理办法，妥善做好新旧政策的过渡衔接。各省级政府要切实承担起组织推进本地区矿产资源权益金制度改革的主体责任，扎实稳妥推进各项改革。各地区、各有关部门要强化对改革工作的检查指导，及时发现问题、解决问题，确保矿产资源权益金制度改革顺利实施，重大情况及时报告党中央、国务院。

中共中央办公厅、国务院办公厅
印发《矿业权出让制度改革方案》的通知

（厅字〔2017〕12号）

各省、自治区、直辖市党委和人民政府，中央和国家机关各部委，解放军各大单位、中央军委机关各部门，各人民团体：

《矿业权出让制度改革方案》已经中央领导同志同意，现印发给你们，请结合实际认真贯彻落实。

中共中央办公厅

国务院办公厅

二〇一七年二月二十七日

矿业权出让制度改革方案

为贯彻落实《生态文明体制改革总体方案》，充分发挥市场配置资源的决定性作用和更好发挥政府作用，进一步完善矿业权管理，现就矿业权出让制度改革制定以下方案。

一、重要意义

《中华人民共和国矿产资源法》及其相关配套法规，逐步确立了矿业权出让管理制度。我国矿业权出让经历了从无偿到有偿、从申请在先方式到竞争性取得等深刻变化，在优化资源配置、维护国家所有者权益等方面发挥了重要作用。但还存在市场竞争不充分、有偿使用不到位、制度体系不完善等问题，亟须深化改革，进一步完善矿业权出让制度。改革矿业权出让制度，是实现市场在矿产资源配置中从基础性作用到决定性作用转变，促进矿产资源配置公平公正，提升配置效率，更好发挥政府作用的迫切需要；是切实维护国家所有者权益，完善矿产资源有偿使用制度的必然要求；是健全矿业权市场制度体系，坚持标本兼治，堵塞制度漏洞，解决矿产资源开发领域突出问题的关键举措。

二、总体要求

（一）指导思想。全面贯彻党的十八大和十八届三中、四中、五中、六中全会精神，坚持以邓小平理论、"三个代表"重要思想、科学发展观为指导，深入贯彻习近平总书记系列重要讲话精神和治国理政新理念新思想新战略，认真落实党中央、国务院决策部署，紧紧围绕统筹推进"五位一体"总体布局和协调推进"四个全面"战略布局，牢固树立和贯彻落实新发展理念，以矿产资源规划为基础，以市场化出让为主线，以创新出让方式为重点，突出问题导向，坚持试点先行，全面推进矿业权竞争性出让，严格限制协议出让行为，调整矿业权审批权限，强化出让监管服务，确保"放得下、接得住、管得好"，建立符合市场经济要求和矿业规律的矿业权出让制度。

（二）基本原则

——坚持市场竞争取向，遵循矿业发展规律。充分发挥市场配置资源的决定性作用，进一步扩大市场竞争出让范围，鼓励民间资本等各类投资进入矿业领域，激发市场活力；充分考虑矿业高风险、长周期和基础产业等特点，促进矿业绿色、健康、可持续发展。

——坚持更好发挥政府作用，确保矿产资源安全。按照

"放、管、服"要求，调整矿业权审批权限，创新监管服务方式，增强"放"的协同性，提高"营"的有效性，强化"服"的主动性。加强事关国家经济、能源和国防安全的战略性矿产资源调控，保障能源和重要矿产资源安全。坚持依法行政，推进信息公开、程序公正、竞争公平，加强社会监督。

——坚持保障国家所有者权益，维护矿业权人合法权益。明确所有者、管理者和使用者权利义务关系，实现矿业权出让制度改革与矿产资源权益金制度改革有机衔接，做好新旧制度平稳过渡，减轻企业负担，推动供给侧结构性改革，切实维护矿业权人合法权益。

（三）改革目标。按照符合市场经济要求和矿业规律，保障矿产资源安全，促进矿业绿色、健康、可持续发展的要求，用3年左右时间，建成"竞争出让更加全面，有偿使用更加完善，事权划分更加合理，监管服务更加到位"的矿业权出让制度。

三、改革任务

（一）完善矿业权竞争出让制度。以招标拍卖挂牌方式为主，全面推进矿业权竞争性出让。

1. 做好矿业权出让基础工作。加强矿产资源规划和出让前期准备工作，坚持矿产资源综合开发和矿业权设置排他性原则，妥善处理各类矿产空间和时序上的开发关系，提出勘查开采相关要求，合理划定探矿权采矿权区块，明确勘查开采矿种以及勘查发现其他矿种后的权利义务，对油气与非油气矿产等特殊情形下矿业权的重叠设置作出专门规定，保障矿业权合理布局，保障综合勘查、有序开采和综合利用，保障国家所有者权益和矿业权人合法权益。

2. 明确矿业权出让条件。矿业权出让，必须符合矿产资源规划、国家产业政策和相关规定。管理机关应按有关规定公开出让区块的各类地质资料和勘查成果，充分考虑探矿权采矿权设立的必要条件。国家出资勘查或探矿权灭失且勘查工作程度达到设置采矿权条件的，普通建筑用砂石土类等矿产无须勘查可直接设置采矿权的，以及采矿权灭失经核实存在可供开采矿产资源储量等其他情形的，直接出让采矿权。

3. 全面推进矿业权竞争性出让。除协议出让等特殊情形外，对其他矿业权一律以招标拍卖挂牌方式公开出让，由市场判断勘查开采风险，决定矿业权出让收益。以拍卖方式进行矿业权竞争性出让的，流拍后可实行挂牌方式出让；以挂牌方式出让的，应有一定的公示期，存在竞争的，以最高报价确定竞得人；以招标方式出让的，依据招标条件综合择优确定竞得人，并将报价全额确定为矿业权出让收益。

4. 改革矿业权出让收益管理。矿业权出让收益可按年度分期缴纳。对探矿权，取得勘查许可证时首次缴纳金额不低于一定比例，其余部分在转为采矿权后按年度缴纳；对采矿权，取得采矿许可证时首次缴纳金额原则上不低于一定比例，其余部分在采矿权有效期内分年度缴纳。探矿权转为采矿权的，不再另行缴纳矿业权出让收益。

5. 实施矿业权出让合同管理。管理机关在矿业权出让前，应对勘查开采条件作出规定并予以公告。对探矿权应以合同方式明确勘查矿种与范围，以及综合勘查要求、优先依法取得采矿权、矿业权出让收益缴纳计划、法定义务等相关事宜；对采矿权应以合同方式明确开采矿种、范围、规模，以及矿产资源综合利用、矿山地质环境保护与土地复垦、矿业权出让收益缴纳计划、法定义务等相关事宜。竞得人应按上述要求编制方案，履行相关手续，与管理机关签订合同，经批准后取得勘查开采许可。

6. 创新矿业权经济调节机制。管理机关对探矿权申请人的勘查实施方案不再进行审查。全面调整探矿权占用费收取标准，建立累进动态调整机制，充分利用经济手段有效遏制"圈而不探"现象。探矿权保留期间不再收取探矿权占用费。同时，根据矿产品价格变动情况和经济发展需要，适时调整采矿权自用费和最低勘查投入标准。

（二）严格限制矿业权协议出让。一般不得协议出让矿业权，特殊情形通过试点不断完善。

1. 从严协议出让管理。协议出让矿业权，必须实行集体决策、价格评估、结果公示。协议出让范围严格控制在国务院确定的特定勘查开采主体和批准的重点建设项目，以及大中型矿山已设采矿权深部。协议出让须经审批登记管理机关同级地方政府同意。国土资源部审批的，须先经省级政府同意，涉及的矿产资源储量评审备案、矿业权价款评估、出让收益管理等，由省级国土资源主管部门负责。以协议出让方式取得的矿业权，10年内原则上不得转让，确需转让的，按协议出让矿业权的登记程序办理。

2. 建立协议出让基准价制度。协议出让矿业权，其出让收益不得低于基准价水平。基准价由地方国土资源主管部门参照类似市场条件定期制定，经省级政府同意后公布执行。

3. 完善国家财政出资探矿权管理。国家财政资金主要用于公益性地质工作，特殊情况下中央或地方财政金额出资开展勘查的，可以采取申请审批方式授予探矿权，完成规定的勘查工作后注销探矿权，纳入国家出资勘查形成的成果清单管理。

（三）下放审批权限，强化监管服务。下放矿业权审批权限，提高审批效率，降低管理成本。加强宏观管理，进一步强化矿产资源规划对矿业权出让的源头管控作用。加大矿业权出让信息公开力度，建立健全矿业权出让事前、事中和事后全过程监管制度，以及矿业权审批权限动态调整机制。

1. 下放矿业权审批权限。国土资源部负责石油、烃类天然气、页岩气、放射性矿产、钨、稀土6种矿产的探矿权采矿权审批，负责资源储量规模 10 亿吨以上的煤以及资源储量规模大型以上的煤层气、金、铁、铜、铝、锡、锑、钼、磷、钾 11 种矿产的采矿权审批，其他原由国土资源部审批的下放省级国土资源主管部门。国土资源部指导试点地区细化完善下放审批权限落实办法，做好审批权限承接工作，稳妥调整和规范省、市、县三级矿业权审批权限，对国土资源部下放给省级国土资源主管部门的审批权限原则上不得再行下放。

2. 强化出让事前管控。科学编制矿产资源规划，搞好矿业权设置区划，切实落实规划分区管理制度，合理设置矿业权，强化规划的空间管控作用。

3. 严格出让交易监管。全面实行探矿权采矿权竞争性出让、协议出让、延续、变更、转让、保留、注销等信息公开公示制度，探索实现网上申报、网上审批，将矿业权出让竞争性环节纳入公共资源交易平台，建立全国联网的矿业权出让信息公开查询系统，完善矿业权交易规则。进一步加大矿业权出让监管力度，健全日常监管机制，实行全过程监督检查。

4. 加强配号监管服务。完善全国矿业权统一配号系统监管功能，建立矿业权出让异常信息捕获和分析监测系统，全面实行痕迹管理，对各地矿业权审批开展在线监管、随机抽查和重点检查，及时制止违规行为。建立定期通报制度，不断提升管理水平。

5. 改革矿业权人监管方式。全面实行矿业权人勘查开采信息公示制度。强化信用体系建设，对矿业权人履行法定义务和出让合同等情况，通过信息公开、社会监督、随机抽查、重点检查以及建立异常名录和违法违规名单等措施，规范矿业权人行为，促进矿业权人诚信自律。凡不按规定缴纳矿业权出让收益、矿业权占用费的，由登记管理机关责令限期缴纳；逾期仍不缴纳的，由原发证机关按欠缴比例，缩减勘查区块面积、收缴滞纳金或吊销勘查（采矿）许可证。

四、组织实施

（一）加强组织领导。国土资源部、财政部等部门要按照职责分工，加强沟通协调，及时研究解决改革中可能出现的问题，重大情况及时向党中央、国务院报告。试点地区要结合本地实际，抓紧研究制定具体工作方案，组织开展好试点工作。

（二）有序开展试点。选取山西、福建、江西、湖北、贵州、新疆6个省（自治区），开展矿业权出让制度改革试点。改革试点突破现行法律、行政法规、国务院文件和国务院批准的部门规章的，按程序报批，取得授权后实施。经授权后在试点地区暂停执行矿产资源法及配套法规中涉及矿业权出让制度改革的相关条款，明确改革目标与试点要求。加强对试点地区的工作指导，定期组织开展督导和评估，协调推进油气和非油气矿业权出让改革试点。

（三）推动相关法律法规修订。加快推进矿产资源法及配套法规中有关矿业权出让制度条款的修订，研究出台新的矿业权出让管理规范性文件，同步做好相关文件的废止和修订工作，与矿产资源权益金制度改革相衔接，及时出台矿业权出让收益征收管理规定。

（四）统筹进度安排。2017年，按照改革方案要求，积极开展试点工作。2018年，在继续试点、总结经验基础上，加快推进相关法律法规修订，出台和修改完善相关规范性文件。2019年，在全国推广实施。

（五）做好舆论宣传引导。加强对矿业权出让制度改革的舆论引导，强化政策解读，总结试点中的好做法好经验，及时回应社会关切，为改革营造良好舆论氛围和社会环境。

中共中央办公厅、国务院办公厅
印发《关于划定并严守生态保护红线的
若干意见》

（2017 年 2 月 7 日）

生态空间是指具有自然属性、以提供生态服务或生态产品为主体功能的国土空间，包括森林、草原、湿地、河流、湖泊、滩涂、岸线、海洋、荒地、荒漠、戈壁、冰川、高山冻原、无居民海岛等。生态保护红线是指在生态空间范围内具有特殊重要生态功能、必须强制性严格保护的区域，是保障和维护国家生态安全的底线和生命线，通常包括具有重要水源涵养、生物多样性维护、水土保持、防风固沙、海岸生态稳定等功能的生态功能重要区域，以及水土流失、土地沙化、石漠化、盐渍化等生态环境敏感脆弱区域。党中央、国务院高度重视生态环境保护，作出一系列重大决策部署，推动生态环境保护工作取得明显进展。但是，我国生态环境总体仍比较脆弱，生态安全形势十分严峻。划定并严守生态保护红线，是贯彻落实主体功能区制度、实施生态空间用途管制的重要举措，是提高生态产品供给能力和生态系统服务功能、构建国家生态安全格局的有效手段，是健全生态文明制度体系、推动绿色发展的有力保障。现就划定并严守生态保护红线提出以下意见。

一、总体要求

（一）指导思想。全面贯彻党的十八大和十八届三中、四中、五中、六中全会精神，深入贯彻习近平总书记系列重要讲话精神和治国理政新理念新思想新战略，紧紧围绕统筹推进"五位一体"总体布局和协调推进"四个全面"战略布局，牢固树立新发展理念，认真落实党中央、国务院决策部署，以改善生态环境质量为核心，以保障和维护生态功能为主线，按照山水林田湖系统保护的要求，划定并严守生态保护红线，实现一条红线管控重要生态空间，确保生态功能不降低、面积不减少、性质不改变，维护国家生态安全，促进经济社会可持续发展。

（二）基本原则

——科学划定，切实落地。落实环境保护法等相关法律法规，统筹考虑自然生态整体性和系统性，开展科学评估，按生态功能重要性、生态环境敏感性与脆弱性划定生态保护红线，并落实到国土空间，系统构建国家生态安全格局。

——坚守底线，严格保护。牢固树立底线意识，将生态保护红线作为编制空间规划的基础。强化用途管制，严禁任意改变用途，杜绝不合理开发建设活动对生态保护红线的破坏。

——部门协调，上下联动。加强部门间沟通协调，国家层面做好顶层设计，出台技术规范和政策措施，地方党委和政府落实划定并严守生态保护红线的主体责任，上下联动、形成合力，确保划得实、守得住。

（三）总体目标。2017年年底前，京津冀区域、长江经济带沿线各省（直辖市）划定生态保护红线；2018年年底前，其他省（自治区、直辖市）划定生态保护红线；2020年年底前，全面完成全国生态保护红线划定，勘界定标，基本建立生态保护红线制度，国土生态空间得到优化和有效保护，生态功能保持稳定，国家生态安全格局更加完善。到2030年，生态保护红线布局进一步优化，生态保护红线制度有效实施，生态功能显著提升，国家生态安全得到全面保障。

二、划定生态保护红线

依托"两屏三带"为主体的陆地生态安全格局和"一带一链多点"的海洋生态安全格局，采取国家指导、地方组织，自上而下和自下而上相结合，科学划定生态保护红线。

（四）明确划定范围。环境保护部、国家发展和改革委员会同有关部门，于2017年6月底前制定并发布生态保护红线划定技术规范，明确水源涵养、生物多样性维护、水土保持、防风固沙等生态功能重要区域，以及水土流失、土地沙化、石漠化、盐渍化等生态环境敏感脆弱区域的评价方法，识别生态功能重要区域和生态环境敏感脆弱区域的空间分布。将上述两类区域进行空间叠加，划入生态保护红线，涵盖所有国家级、省级禁止开发区域，以及有必要严格保护的其他各类保护地等。

（五）落实生态保护红线边界。按照保护需要和开发利用现状，主要结合以下几类界线将生态保护红线边界落地：自然边界，主要是依据地形地貌或生态系统完整性确定的边界，如林线、雪线、流域分界线，以及生态系统分布界线等；自然保护区、风景名胜区等各类保护地边界；江河、湖库，以及海岸等向陆域（或向海）延伸一定距离的边界；全国土地调查、地理国情普查等明确的地块边界。将生态保护红线落实到地块，明确生态系统类型、主要生态功能，通过自然资源统一确权登记明确用地性质与土地权属，形成生态保护红线全国"一张图"。在勘界基础上设立统一规范的标识标牌，确保生态保护红线落地准确、边界清晰。

（六）有序推进划定工作。环境保护部、国家发展和改革委员会同有关部门提出各省（自治区、直辖市）生态保护红线空间格局和分布意见，做好跨省域的衔接与协调，指导各地划定生态保护红线；明确生态保护红线可保护的湿地、草原、森林等生态系统数量，并与生态安全预警监测体系做好衔接。各省（自治区、直辖市）要按照相关要求，建立划定生态保护红线责任制和协调机制，明确责任部门，组织专门力量，制定工作方案，全面论证、广泛征求意见，有序推进划定工作，形成生态保护红线。环境保护部、国家发展改革委会同有关部门组织对各省（自治区、直辖市）生态保护红线进行技术审核并提出意见，报国务院批准后由各省（自治区、直辖市）政府发布实施。在各省（自治区、直辖市）生态保护红线基础上，环境保护部、国家发展改革委会同有关部门进行衔接、汇总，形成全国生态保护红线，并向社会发布。鉴于海洋国土空间的特殊性，国家海洋局根据本意见制定相关技术规范，组织划定并审核海洋国土空间的生态保护红线，纳入全国生态保护红线。

三、严守生态保护红线

落实地方各级党委和政府主体责任，强化生态保护红线刚性约束，形成一整套生态保护红线管控和激励措施。

（七）明确属地管理责任。地方各级党委和政府是严守生态保护红线的责任主体，要将生态保护红线作为相关综合决策的重要依据和前提条件，履行好保护责任。各有关部门要按照职责分工，加强监督管理，做好指导协调、日常巡护和执法监督，共守生态保护红线。建立目标责任制，把保护目标、任务和要求层层分解，落到实处。创新激励约束机制，对生态保护红线保护成效突出的单位和个人予以奖励；对造成破坏的，依法依规予以严肃处理。根据需要设置生态保护红线管护岗位，提高居民参与生态保护积极性。

（八）确立生态保护红线优先地位。生态保护红线划定后，相关规划要符合生态保护红线空间管控要求，不符合的要及时进行调整。空间规划编制要将生态保护红线作为重要基础，发挥生态保护红线对于国土空间开发的底线作用。

（九）实行严格管控。生态保护红线原则上按禁止开发区域的要求进行管理。严禁不符合主体功能定位的各类开发活动，严禁任意改变用途。生态保护红线划定后，只能增加、不能减少，因国家重大基础设施、重大民生保障项目建设等需要调整的，由省级政府组织论证，提出调整方案，经环境保护部、国家发展改革委会同有关部门提出审核意见后，报国务院批准。因国家重大战略资源勘查需要，在不影响主体功能定位的前提下，经依法批准后予以安排勘查项目。

（十）加大生态保护补偿力度。财政部会同有关部门加大对生态保护红线的支持力度，加快健全生态保护补偿制度，完善国家重点生态功能区转移支付政策。推动生态保护红线所在地区和受益地区探索建立横向生态保护补偿机制，共同分担生态保护任务。

（十一）加强生态保护与修复。实施生态保护红线保护与修复，作为山水林田湖生态保护和修复工程的重要内容。以县级行政区为基本单元建立生态保护红线台账系统，制定实施生态系统保护与修复方案。优先保护良好生态系统和重要物种栖息地，建立和完善生态廊道，提高生态系统完整性和连通性。分区分类开展受损生态系统修复，采取以封禁为主的自然恢复措施，辅以人工修复，改善和提升生态功能。选择水源涵养和生物多样性维护为主导生态功能的生态保护红线，开展保护与修复示范。有条件的地区，可逐步推进生态移民，有序推动人口适度集中安置，降低人类活动强度，减小生态压力。按照陆海统筹、综合治理的原则，开展海洋国土空间生态保护红线的生态整治修复，切实强化生态保护红线及周边区域污染联防联治，重点加强生态保护红线内入海河流综合整治。

（十二）建立监测网络和监管平台。环境保护部、国家发展改革委、国土资源部会同有关部门建设和完善生态保护红线综合监测网络体系，充分发挥地面生态系统、环境、气象、水文水资源、水土保持、海洋等监测站点和卫星的生态监测能力，布设相对固定的生态保护红线监控点位，及时获取生态保护红线监测数据。建立国家生态保护红线监管平台。依托国务院有关部门生态环境监管平台和大数据，运用云计算、物联网等信息化手段，加强监测数据集成分析和综合应用，强化生态气象灾害监测预警能力建设，全面掌握生态系统构成、分布与动态变化，及时评估和预警生态风险，提高生态保护红线管理决策科学化水平。实时监控人类干扰活动，及时发现破坏生态保护红线的行为，对监控发现的问题，通报当地政府，由有关部门依据各自职能组织开展现场核查，依法依规进行处理。2017 年年底前完成国家生态保护红线监管平台试运行。各省（自治区、直辖市）应依托国家生态保护红线监管平台，加强能力建设，建立本行政区监管体系，实施分层级监管，及时接收和反馈信息，核查和处理违法行为。

（十三）开展定期评价。环境保护部、国家发展改革委会同有关部门建立生态保护红线评价机制。从生态系统格局、质量和功能等方面，建立生态保护红线生态功能评价指标体系和方法。定期组织开展评价，及时掌握全国、重点区域、县域生态保护红线生态功能状况及动态变化，评价结果作为优化生态保护红线布局、安排县域生态保护补偿资金和实行领导干部生态环境损害责任追究的依据，并向社会公布。

（十四）强化执法监督。各级环境保护部门和有关部门要按照职责分工加强生态保护红线执法监督。建立生态保护红线常态化执法机制，定期开展执法督查，不断提高执法规范化水平。及时发现和依法处罚破坏生态保护红线的违法行为，切实做到有案必查、违法必究。有关部门要加强与司法机关的沟通协调，健全行政执法与刑事司法联动机制。

（十五）建立考核机制。环境保护部、国家发展改革委会同有关部门，根据评价结果和目标任务完成情况，对各省（自治区、直辖市）党委和政府开展生态保护红线保护成效考核，并将考核结果纳入生态文明建设目标评价考核体系，作为党政领导班子和领导干部综合评价及责任追究、离任审计的重要参考。

（十六）严格责任追究。对违反生态保护红线管控要求、造成生态破坏的部门、地方、单位和有关责任人员，按照有关法律法规和《党政领导干部生态环境损害责任追究办法（试行）》等规定实行责任追究。对推动生态保护红线工作不力的，区分情节轻重，予以诫勉、责令公开道歉、组织处理或党纪政纪处分，构成犯罪的依法追究刑事责任。对造成生态环境和资源严重破坏的，要实行终身追责，责任人不论是否已调离、提拔或者退休，都必须严格追责。

四、强化组织保障

（十七）加强组织协调。建立由环境保护部、国家发展改革委牵头的生态保护红线管理协调机制，明确地方和部门责任。各地要加强组织协调，强化监督执行，形成加快划定并严守生态保护红线的工作格局。

（十八）完善政策机制。加快制定有利于提升和保障生态功能的土地、产业、投资等配套政策。推动生态保护红线有关立法，各地要因地制宜，出台相应的生态保护红线管理地方性法规。研究市场化、社会化投融资机制，多渠道筹集保护资金，发挥资金合力。

（十九）促进共同保护。环境保护部、国家发展改革委会同有关部门定期发布生态保护红线监控、评价、处罚和考核信息，各地及时准确发布生态保护红线分布、调整、保护状况等信息，保障公众知情权、参与权和监督权。加大政策宣传力度，发挥媒体、公益组织和志愿者作用，畅通监督举报渠道。

本意见实施后，其他有关生态保护红线的政策规定要按照本意见要求进行调整或废止。各地要抓紧制定实施方案，明确目标任务、责任分工和时间要求，确保各项要求落到实处。

中共中央办公厅、国务院办公厅印发《关于统筹推进自然资源资产产权制度改革的指导意见》

（2019 年 4 月 14 日）

　　自然资源资产产权制度是加强生态保护、促进生态文明建设的重要基础性制度。改革开放以来，我国自然资源资产产权制度逐步建立，在促进自然资源节约集约利用和有效保护方面发挥了积极作用，但也存在自然资源资产底数不清、所有者不到位、权责不明晰、权益不落实、监管保护制度不健全等问题，导致产权纠纷多发、资源保护乏力、开发利用粗放、生态退化严重。为加快健全自然资源资产产权制度，进一步推动生态文明建设，现提出如下意见。

一、总体要求

　　（一）指导思想。以习近平新时代中国特色社会主义思想为指导，全面贯彻党的十九大和十九届二中、三中全会精神，全面落实习近平生态文明思想，认真贯彻党中央、国务院决策部署，紧紧围绕统筹推进"五位一体"总体布局和协调推进"四个全面"战略布局，以完善自然资源资产产权体系为重点，以落实产权主体为关键，以调查监测和确权登记为基础，着力促进自然资源集约开发利用和生态保护修复，加强监督管理，注重改革创新，加快构建系统完备、科学规范、运行高效的中国特色自然资源资产产权制度体系，为完善社会主义市场经济体制、维护社会公平正义、建设美丽中国提供基础支撑。

（二）基本原则

——坚持保护优先、集约利用。正确处理资源保护与开发利用的关系，既要发挥自然资源资产产权制度在严格保护资源、提升生态功能中的基础作用，又要发挥在优化资源配置、提高资源开发利用效率、促进高质量发展中的关键作用。

——坚持市场配置、政府监管。以扩权赋能、激发活力为重心，健全自然资源资产产权制度，探索自然资源资产所有者权益的多种有效实现形式，发挥市场配置资源的决定性作用，努力提升自然资源要素市场化配置水平；加强政府监督管理，促进自然资源权利人合理利用资源。

——坚持物权法定、平等保护。依法明确全民所有自然资源资产所有权的权利行使主体，健全自然资源资产产权体系和权能，完善自然资源资产产权法律体系，平等保护各类自然资源资产产权主体合法权益，更好发挥产权制度在生态文明建设中的激励约束作用。

——坚持依法改革、试点先行。坚持重大改革于法有据，既要发挥改革顶层设计的指导作用，又要鼓励支持地方因地制宜、大胆探索，为制度创新提供鲜活经验。

（三）总体目标。到2020年，归属清晰、权责明确、保护严格、流转顺畅、监管有效的自然资源资产产权制度基本建立，自然资源开发利用效率和保护力度明显提升，为完善生态文明制度体系、保障国家生态安全和资源安全、推动形成人与自然和谐发展的现代化建设新格局提供有力支撑。

二、主要任务

（四）健全自然资源资产产权体系。适应自然资源多种属性以及国民经济和社会发展需求，与国土空间规划和用途管制相衔接，推动自然资源资产所有权与使用权分离，加快构建分类科学的自然资源资产产权体系，着力解决权力交叉、缺位等问题。处理好自然资源资产所有权与使用权的关系，创新自然资源资产全民所有权和集体所有权的实现形式。落实承包土地所有权、承包权、经营权"三权分置"，开展经营权入股、抵押。探索宅基地所有权、资格权、使用权"三权分置"。加快推进建设用地地上、地表和地下分别设立使用权，促进空间合理开发利用。探索研究油气探采合一权利制度，加强探矿权、采矿权授予与相关规划的衔接。依据不同矿种、不同勘查阶段地质工作规律，合理延长探矿权有效期及延续、保留期限。根据矿产资源储量规模，分类设定采矿权有效期及延续期限。依法明确采矿权抵押权能，完善探矿权、采矿权与土地使用权、海域使用权衔接机制。探索海域使用权立体分层设权，加快完善海域使用权出让、转让、抵押、出租、作价出资（入股）等权能。构建无居民海岛产权体系，试点探索无居民海岛使用权转让、出租等权能。完善水域滩涂养殖权利体系，依法明确权能，允许流转和抵押。理顺水域滩涂养殖的权利与海域使用权、土地承包经营权，取水权与地下水、地热水、矿泉水采矿权的关系。

（五）明确自然资源资产产权主体。推进相关法律修改，明确国务院授权国务院自然资源主管部门具体代表统一行使全民所有自然资源资产所有者职责。研究建立国务院自然资源主管部门行使全民所有自然资源资产所有权的资源清单和管理体制。探索建立委托省级和市（地）级政府代理行使自然资源资产所有权的资源清单和监督管理制度，法律授权省级、市（地）级或县级政府代理行使所有权的特定自然资源除外。完善全民所有自然资源资产收益管理制度，合理调整中央和地方收益分配比例和支出结构，并加大对生态保护修复支持力度。推进农村集体所有的自然资源资产所有权确权，依法落实农村集体经济组织特别法人地位，明确农村集体所有自然资源资产由农村集体经济组织代表集体行使所有权，增强对农村集体所有自然资源资产的管理和经营能力，农村集体经济组织成员对自然资源资产享有合法权益。保证自然人、法人和非法人组织等各类市场主体依法平等使用自然资源资产、公开公平公正参与市场竞争，同等受到法律保护。

（六）开展自然资源统一调查监测评价。加快研究制定统一的自然资源分类标准，建立自然资源统一调查监测评价制度，充分利用现有相关自然资源调查成果，统一组织实施全国自然资源调查，掌握重要自然资源的数量、质量、分布、权属、保护和开发利用状况。研究建立自然资源资产核算评价制度，开展实物量统计，探索价值量核算，编制自然资源资产负债表。建立自然资源动态监测制度，及时跟踪掌握各类自然资源变化情况。建立统一权威的自然资源调查监测评价信息发布和共享机制。

（七）加快自然资源统一确权登记。总结自然资源统一确权登记试点经验，完善确权登记办法和规则，推动确权登记法治化，重点推进国家公园等各类自然保护地、重点国有林区、湿地、大江大河重要生态空间确权登记工作，将全民所有自然资源资产所有权代表行使主体登记为国务院自然资源主管部门，逐步实现自然资源确权登记全覆盖，清晰界定全部国土空间各类自然资源资产的产权主体，划清各类自然资源资产所有权、使用权的边界。建立健全登记信息管理基础平台，提升公共服务能力和水平。

（八）强化自然资源整体保护。编制实施国土空间规划，划定并严守生态保护红线、永久基本农田、城镇开发边界等控制线，建立健全国土空间用途管制制度、管理规范和技术标准，对国土空间实施统一管控，强化山水林田湖草整体保护。加强陆海统筹，以海岸线为基础，统筹编制海岸带开发保护规划，强化用途管制，除国家重大战略项目外，全面停止新增围填海项目审批。对生态功能重要的公益性自然资源资产，加快构建以国家公园为主体的自然保护地体系。国家公园范围内的全民所有自然资源资产所有权由国务院自然资源主管部门行使或委托相关部门、省级政府代理行使。条件成熟时，逐步过渡到国家公园内全民所有自然资源资产所有权由国务院自然资源主管部门直接行使。已批准的国家公园试点全民所有自然资源资产所有权具体行使主体在试点期间可暂不调整。积极预防、及时制止破坏自然资源资产行为，强化自然资源资产损害赔偿责任。探索建立政府主导、企业和社会参与、市场化运作、可持续的生态保护补偿机制，对履行自然资源资产保护义务的权利主体给予合理补偿。健全自然保护地内自然资源资产特许经营权等制度，构建以产业生态化和生态产业化为主体的生态经济体系。鼓励政府机构、企业和其他社会主体，通过租赁、置换、赎买等方式扩大自然生态空间，维护国家和区域生态安全。依法依规解决自然保护地内的探矿权、采矿权、取水权、水域滩涂养殖捕捞的权利、特许经营权等合理退出问题。

（九）促进自然资源资产集约开发利用。既要通过完善价格形成机制，扩大竞争性出让，发挥市场配置资源的决定性作用，又要通过总量和强度控制，更好发挥政府管控作用。深入推进全民所有自然资源资产有偿使用制度改革，加快出台国有森林资源资产和草原资源资产有偿使用制度改革方案。全面推进矿业权竞争性出让，调整与竞争性出让相关的探矿权、采矿权审批方式。有序放开油气勘查开采市场，完善竞争出让方式和程序，制定实施更为严格的区块退出管理办法和更为便捷合理的区块流转管理办法。健全水资源资产产权制度，根据流域生态环境特征和经济社会发展需求确定合理的开发利用管控目标，着力改变分割管理、全面开发的状况，实施对流域水资源、水能资源开发利用的统一监管。完善自然资源资产分等定级价格评估制度和资产审核制度。完善自然资源资产开发利用标准体系和产业准入政策，将自然资源资产开发利用水平和生态保护要求作为选择使用权人的重要因素并纳入出让合同。完善自然资源资产使用权转让、出租、抵押市场规则，规范市场建设，明确受让人开发利用自然资源资产的要求。统筹推进自然资源资产交易平台和服务体系建设，健全市场监测监管和调控机制，建立自然资源资产市场信用体系，促进自然资源资产流转顺畅、交易安全、利用高效。

（十）推动自然生态空间系统修复和合理补偿。坚持政府管控与产权激励并举，增强生态修复合力。编制实施国土空间生态修复规划，建立健全山水林田湖草系统修复和综合治理机制。坚持谁破坏、谁补偿原则，建立健全依法建设占用各类自然生态空间和压覆矿产的占用补偿制度，严格占用条件，提高补偿标准。落实和完善生态环境损害赔偿制度，由责任人承担修复或赔偿责任。对责任人灭失的，遵循属地管理原则，按照事权由各级政府组织开展修复工作。按照谁修复、谁受益原则，通过赋予一定期限的自然资源资产使用权等产权安排，激励社会投资主体从事生态保护修复。

（十一）健全自然资源资产监管体系。发挥人大、行政、司法、审计和社会监督作用，创新管理方式方法，形成监管合力，实现对自然资源资产开发利用和保护的全程动态有效监管，加强自然资源督察机构对国有自然资源资产的监督，国务院自然资源主管部门按照要求定期向国务院报告国有自然资源资产报告。各级政府按要求向本级人大常委会报告国有自然资源资产情况，接受权力机关监督。建立科学合理的自然资源资产管理考核评价体系，开展领导干部自然资源资产离任审计，落实完善党政领导干部自然资源资产损害责任追究制度。完善自然资源资产产权信息公开制度，强化社会监督。充分利用大数据等现代信息技术，建立统一的自然资源数据库，提升监督管理效能。建立自然资源行政执法与行政检察衔接平台，实现信息共享、案情通报、案件移送，通过检察法律监督，推动依法行政、严格执法。完善自然资源资产督察执法体制，加强督察执法队伍建设，严肃查处自然资源资产产权领域重大违法案件。

（十二）完善自然资源资产产权法律体系。全面清理涉及自然资源资产产权制度的法律法规，对不利于生态文明建设和自然资源资产产权保护的规定提出具体废止、修改意见，按照立法程序推进修改。系统总结农村土地制度改革试点经验，加快土地管理法修订步伐。根据自然资源资产产权制度改革进程，推进修订矿产资源法、水法、森林法、草原法、海域使用管理法、海岛保护法等法律及相关行政法规。完善自然资源资产产权登记制度。研究制定国土空间开发保护法。加快完善以国家公园为主体的自然保护地法律法规体系。建立健全协商、调解、仲裁、行政裁决、行政复议和诉讼等有机衔接、相互协调、多元化的自然资源资产产权纠纷解决机制。全面落实公益诉讼和生态环境损害赔偿诉讼等法律制度，构建自然资源资产产权民事、行政、刑事案件协同审判机制。适时公布严重侵害自然资源资产产权的典型案例。

三、实施保障

（十三）加强党对自然资源资产产权制度改革的统一领导。自然资源资产产权制度改革涉及重大利益调整，事关改革发展稳定全局，必须在党的集中统一领导下推行。各地区各有关部门要增强"四个意识"，不折不扣贯彻落实党中央、国务院关于自然资源资产产权制度改革的重大决策部署，确保改革有序推进、落地生效。建立统筹推进自然资源资产产权制度改革的工作机制，明确部门责任，制定时间表和路线图，加强跟踪督办，推动落实改革任务。强化中央地方联动，及时研究解决改革推进中的重大问题。

（十四）深入开展重大问题研究。重点开展自然资源资产价值、国家所有权、委托代理、收益分配、宅基地"三权分置"、自然资源资产负债表、空间开发权利等重大理论和实践问题研究，系统总结我国自然资源资产产权制度实践经验，开展国内外比较研究和国际交流合作，加强相关学科建设和人才培养，构建我国自然资源资产产权理论体系。

（十五）统筹推进试点。对自然资源资产产权制度改革涉及的具体内容，现行法律、行政法规没有明确禁止性规定的，鼓励地方因地制宜开展探索，充分积累实践经验；改革涉及具体内容需要突破现行法律、行政法规明确禁止性规定的，选择部分地区开展试点，在依法取得授权后部署实施。在福建、江西、贵州、海南等地探索开展全民所有自然资源资产所有权委托代理机制试点，明确委托代理行使所有权的资源清单、管理制度和收益分配机制；在国家公园体制试点地区、山水林田湖草生态保护修复工程试点区、国家级旅游业改革创新先行区、生态产品价值实现机制试点地区等区域，探索开展促进生态保护修复的产权激励机制试点，吸引社会资本参与生态保护修复；在全民所有自然资源资产有偿使用试点地区、农村土地制度改革试点地区等其他区域，部署一批健全产权体系、促进资源集约开发利用和加强产权保护救济的试点。强化试点工作统筹协调，及时总结试点经验，形成可复制可推广的制度成果。

（十六）加强宣传引导。加强政策解读，系统阐述自然资源资产产权制度改革的重大意义、基本思路和重点任务。利用世界地球日、世界环境日、世界海洋日、世界野生动植物日、世界湿地日、全国土地日等重要纪念日，开展形式多样的宣传活动。

第三部分

油气矿业权登记审批规范性文件

自然资源部关于推进矿产资源管理改革若干事项的意见（试行）

（自然资规〔2019〕7号）

各省、自治区、直辖市自然资源主管部门，新疆生产建设兵团自然资源主管部门：

为贯彻落实党中央、国务院关于矿业权出让制度改革、石油天然气体制改革、加大油气勘探开发力度等决策部署，充分发挥市场配置资源的决定性作用和更好发挥政府作用，深化"放管服"改革，进一步完善矿产资源管理，现就推进矿产资源管理改革提出如下意见。

一、全面推进矿业权竞争性出让

除协议出让外，对其他矿业权以招标、拍卖、挂牌方式公开竞争出让，出让前应当在自然资源部门户网站、同级自然资源主管部门门户网站（或政府门户网站）和政府公共资源交易平台（矿业权交易平台）公告不少于20个工作日。以招标方式出让的，依据招标条件，综合择优确定中标人。以拍卖方式出让的，应价最高且不低于底价的竞买人为竞得人；以挂牌方式出让的，报价最高且不低于底价者为竞得人，只有一个竞买人报价且不低于底价的，挂牌成交。

继续推进油气（包括石油、烃类天然气、页岩气、煤层气、天然气水合物，下同）探矿权竞争出让试点。在全国范围内探索以本附件所列的出让收益市场基准价确定的价格等作为油气探矿权竞争出让起始价，开展油气探矿权竞争出让试点，探索积累实践经验，稳步推进油气勘查开采管理改革。

二、严格控制矿业权协议出让

稀土、放射性矿产勘查开采项目或国务院批准的重点建设项目，自然资源主管部门可以协议方式向特定主体出让矿业权。基于矿山安全生产和资源合理开发利用等考虑，已设采矿权深部或上部的同类矿产（《矿产资源分类细目》的类别，普通建筑用砂石土类矿产除外），需要利用原有生产系统进一步勘查开采矿产资源的，可以协议方式向同一主体出让探矿权、采矿权。协议出让矿业权，必须实行价格评估、结果公示，矿业权出让收益由自然资源主管部门根据评估价值、市场基准价确定。

地方自然资源主管部门协议出让矿业权须征求同级地方人民政府意见，需自然资源部协议出让的矿业权应先征求省级人民政府意见。已设采矿权深部或上部需要协议出让的探矿权采矿权除外。

三、积极推进"净矿"出让

开展砂石土等直接出让采矿权的"净矿"出让，积极推进其他矿种的"净矿"出让，加强矿业权出让前期准备工作，优化矿业权出让流程，提高服务效率，依据地质工作成果和市场主体需求，建立矿业权出让项目库，会同相关部门，依法依规避让生态保护红线等禁止限制勘查开采区，合理确定出让范围，并做好与用地用海用林用草等审批事项的衔接，以便矿业权出让后，矿业权人正常开展勘查开采工作。

对属矿业权出让前期工作原因而导致的矿业权人无法如期正常开展勘查开采工作的，自然资源主管部门可以撤回矿业权，并按有关规定退还矿业权出让收益等已征收的费用。

四、实行同一矿种探矿权采矿权出让登记同级管理

解决同一矿种探矿权采矿权不同层级管理带来的问题。自然资源部负责石油、烃类天然气、页岩气、天然气水合物、放射性矿产、钨、稀土、锡、锑、钼、钴、锂、钾盐、晶质石墨 14 种重要战略性矿产的矿业权出让、登记；战略性矿产中大宗矿产通过矿产资源规划管控，由省级自然资源主管部门负责矿业权出让、登记。其他矿种由省级及以下自然资源主管部门负责。

五、开放油气勘查开采市场

在中华人民共和国境内注册，净资产不低于 3 亿元人民币的内外资公司，均有资格按规定取得油气矿业权。从事油气勘查开采应符合安全、环保等资质要求和规定，并具有相应的油气勘查开采技术能力。

六、实行油气探采合一制度

根据油气不同于非油气矿产的勘查开采技术特点，针对多年存在的问题，油气矿业权实行探采合一制度。油气探矿权人发现可供开采的油气资源的，在报告有登记权限的自然资源主管部门后即可进行开采。进行开采的油气矿产资源探矿权人应当在 5 年内签订采矿权出让合同，依法办理采矿权登记。

七、调整探矿权期限

根据矿产勘查工作技术规律，以出让方式设立的探矿权首次登记期限延长至 5 年，每次延续时间为 5 年。探矿权申请延续登记时应扣减首设勘查许可证载明面积（非油气已提交资源量的范围/油气已提交探明地质储量的范围除外，已设采矿权矿区范围垂直投影的上部或深部勘查除外）的 25%，其中油气探矿权可扣

减同一盆地的该探矿权人其他区块同等面积。

本意见下发前已有的探矿权到期延续时，应当签订出让合同，证载面积视为首设面积，按上述规定执行。

探矿权出让合同已有约定的，按合同执行。

八、改革矿产资源储量分类

为最大化降低社会认知和信息交易成本，按照"有没有""有多少""可采多少"的逻辑，将矿产勘查分为普查、详查、勘探三个阶段。科学确定矿产资源储量分类分级，将固体矿产简化为资源量和储量两类，资源量按地质可靠程度由低到高分为推断资源量、控制资源量和探明资源量三级，储量按地质可靠程度和可行性研究的结果，分为可信储量和证实储量两级。

油气矿产分为资源量和地质储量两类，资源量不再分级，地质储量按地质可靠程度分为预测地质储量、控制地质储量和探明地质储量三级。企业可根据技术能力确定技术可采储量，根据经营决策确定经济可采储量。

九、取消矿产资源储量登记事项

简化归并评审备案和登记事项，缩减办理环节和要件，提高行政效率。矿产资源储量登记书内容纳入评审备案管理，不再作为矿业权登记要件，将评审备案结果作为统计的依据。

自然资源主管部门依据矿业权人或压矿建设项目单位矿产资源储量评审备案申请，对矿产资源储量报告进行审查，出具评审备案文件。自然资源主管部门可委托矿产资源储量评审机构根据评审备案范围和权限组织开展评审备案工作，相关费用纳入财政预算。

十、明确评审备案范围和权限

缩减矿产资源储量政府直接评审备案范围，减轻矿业权人负担。探矿权转采矿权、采矿权变更矿种与范围，油气矿产在探采矿期间探明地质储量、其他矿产在采矿期间资源量发生重大变化的（变化量超过30%或达到中型规模以上的），以及建设项目压覆重要矿产，应当编制矿产资源储量报告，申请评审备案。不再对探矿权保留、变更矿种，探矿权和采矿权延续、转让、出让，划定矿区范围，查明、占用储量登记，矿山闭坑，以及上市融资等环节由政府部门直接进行评审备案。

自然资源部负责本级已颁发矿业权证的矿产资源储量评审备案工作，其他由省级自然资源主管部门负责。涉及建设项目压覆重要矿产的，由省级自然资源主管部门负责评审备案，油气和放射性矿产资源除外。积极培育矿产资源储量评审市场服务体系，满足企业生产经营和市场需要。定期开展矿产资源储量现状调查，夯实资源本底数据。

十一、规范财政出资地质勘查工作

中央或地方财政出资勘查项目，不再新设置探矿权，凭项目任务书开展地质勘查工作。本意见下发前已设探矿权的，自然资源主管部门可以继续办理探矿权延续，完成规定的勘查工作后注销探矿权，由自然资源主管部门面对各类市场主体公开竞争出让矿业权。

本意见自2020年5月1日起实施，有效期三年。本意见实施前已印发的其他文件与本意见规定不一致的，按照本意见执行。

附件：油气矿业权出让收益市场基准价标准表

自然资源部

二〇一九年十二月三十一日

附件

油气矿业权出让收益市场基准价标准表

WTI 原油价格/ (美元·桶$^{-1}$)	出让收益市场基准价/ (万元·千米$^{-2}$)	
	陆域	海域
低于 40 (含)	0.4	0.2
40~55 (含)	0.5	0.3
55~65 (含)	0.6	0.4
65~80 (含)	0.7	0.5
80~100 (含)	0.8	0.6
100 以上	0.9	0.7

国土资源部关于印发《矿业权交易规则》的通知

（国土资规〔2017〕7号）

各省、自治区、直辖市国土资源主管部门：

为贯彻落实国务院整合建立统一的公共资源交易平台等有关工作要求，进一步规范矿业权交易行为，促进矿业权市场健康发展，现将《矿业权交易规则》印发给你们，请遵照执行。

国土资源部

二〇一七年九月六日

矿业权交易规则

第一章 总 则

第一条 为进一步规范矿业权交易行为，确保矿业权交易公开、公平、公正，维护国家权益和矿业权人合法权益，根据《中华人民共和国矿产资源法》《中华人民共和国拍卖法》《中华人民共和国招标投标法》《矿产资源勘查区块登记管理办法》《矿产资源开采登记管理办法》《探矿权采矿权转让管理办法》，以及《国务院办公厅关于印发整合建立统一的公共资源交易平台工作方案的通知》等相关规定，制定本规则。

第二条 本规则所称矿业权是指探矿权和采矿权，矿业权交易是指县级以上人民政府国土资源主管部门（以下简称国土资源主管部门）出让矿业权或者矿业权人转让矿业权的行为。

矿业权出让是指国土资源主管部门根据矿业权审批权限，以招标、拍卖、挂牌、申请在先、协议等方式依法向探矿权申请人授予探矿权和以招标、拍卖、挂牌、探矿权转采矿权、协议等方式依法向采矿权申请人授予采矿权的行为。

矿业权转让是指矿业权人将矿业权依法转移给他人的行为。

第三条 矿业权出让适用本规则，矿业权转让可参照执行。

铀矿等国家规定不宜公开矿种的矿业权交易不适用本规则。

第四条 矿业权交易主体是指依法参加矿业权交易的出让人、转让人、受让人、投标人、竞买人、中标人和竞得人。受让人、投标人、竞买人、中标人和竞得人应当符合法律、法规有关资质要求的规定。

出让人是指出让矿业权的国土资源主管部门。转让人是指转让其拥有合法矿业权的矿业权人。受让人是指符合探矿权、采矿权申请条件或者受让条件的、能独立承担民事责任的法人。

以招标方式出让的，参与投标各方为投标人；以拍卖和挂牌方式出让的，参与竞拍和竞买各方均为竞买人；出让人按公告的规则确定中标人、竞得人。

第五条 矿业权交易平台是指依法设立的，为矿业权出让、转让提供交易服务的机构。矿业权交易平台包括已将矿业权出让纳入的地方人民政府建立的公共资源交易平台、国土资源主管部门建立的矿业权交易机构等。

矿业权交易平台应当具有固定交易场所、完善的交易管理制度、相应的设备和专业技术人员。

矿业权交易平台可委托具有相应资质的交易代理中介机构完成具体的招标、拍卖、挂牌程序工作。

矿业权交易平台应当积极推动专家资源及专家信用信息的互

联共享，应当采取随机方式确定评标专家。

第六条　矿业权交易平台应当按照本规则组织矿业权交易，公开交易服务指南、交易程序、交易流程、格式文书等，自觉接受国土资源主管部门的监督和业务指导，加强自律管理，维护市场秩序，保证矿业权交易公开、公平、公正。

第七条　以招标、拍卖、挂牌方式出让矿业权的，应当按照审批管理权限，在同级矿业权交易平台或者国土资源主管部门委托的矿业权交易平台中进行。

国土资源部登记权限需要进行招标、拍卖、挂牌出让矿业权的，油气矿业权由国土资源部组织实施，非油气矿业权由国土资源部委托省级国土资源主管部门组织矿业权交易平台实施。

第八条　以招标、拍卖、挂牌方式出让矿业权的，矿业权交易平台按照国土资源主管部门下达的委托书或者任务书组织实施。

转让人委托矿业权交易平台以招标、拍卖、挂牌方式组织矿业权转让交易的，应当签订委托合同。委托合同应当包括下列内容：

（一）转让人和矿业权交易平台的名称、场所；

（二）委托服务事项及要求；

（三）服务费用；

（四）违约责任；

（五）纠纷解决方式；

（六）需要约定的其他事项。

第二章　公　告

第九条　以招标、拍卖、挂牌方式出让矿业权的，矿业权交易平台依据出让人提供的相关材料发布出让公告，编制招标、拍卖、挂牌相关文件。

第十条　矿业权交易平台或者国土资源主管部门应当在下列平台同时发布公告：

（一）国土资源部门户网站；

（二）同级国土资源主管部门门户网站；

（三）矿业权交易平台交易大厅；

（四）有必要采取的其他方式。

第十一条　出让公告应当包括以下内容：

（一）出让人和矿业权交易平台的名称、场所；

（二）出让矿业权的简要情况，包括项目名称、矿种、地理位置、拐点范围坐标、面积、资源储量（勘查工作程度）、开采标高、资源开发利用情况、拟出让年限等，以及勘查投入、矿山地质环境保护及土地复垦要求等；

（三）投标人或者竞买人的资质条件；

（四）出让方式及交易的时间、地点；

（五）获取招标、拍卖、挂牌文件的途径和申请登记的起止时间及方式；

（六）确定中标人、竞得人的标准和方法；

（七）交易保证金的缴纳和处置；

（八）风险提示；

（九）对交易矿业权异议的处理方式；

（十）需要公告的其他内容。

第十二条　以招标、拍卖、挂牌方式出让矿业权的，应当在投标截止日、公开拍卖日或者挂牌起始日 20 个工作日前发布公告。

第十三条　矿业权交易平台应当按公告载明的时间、地点、方式，接受投标人或者竞买人的书面申请；投标人或者竞买人应当提供其符合矿业权受让人主体资质的有效证明材料，并对其真实性和合法性负责。

矿业权受让人资质证明材料应当包括：企业法人营业执照或者事业单位法人证书、法定代表人身份证明以及按规定应当提供的其他材料。

第十四条 经矿业权交易平台审核符合公告的受让人资质条件的投标人或者竞买人，按照交易公告缴纳交易保证金后，经矿业权交易平台书面确认后取得交易资格。

第三章 交易形式及流程

第十五条 矿业权交易平台应当按公告确定的时间、地点组织交易，并书面通知出让人和取得交易资格的投标人或者竞买人参加。

第十六条 招标、拍卖出让矿业权的，每宗标的的投标人或者竞买人不得少于3人。少于3人的，出让人应当按照相关规定停止招标、拍卖或者重新组织或者选择其他方式交易。

第十七条 招标、拍卖、挂牌方式出让矿业权的，招标标底、拍卖和挂牌底价、起始价由出让人按国家有关规定确定。

招标标底，拍卖和挂牌底价在交易活动结束前须保密且不得变更。

无底价拍卖的，应当在竞价开始前予以说明；无底价挂牌的，应当在挂牌起始日予以说明。

第十八条 投标人应当在投标截止时间之前，将投标文件密封送达矿业权交易平台，矿业权交易平台应当场签收保存，在开标前不得开启；投标截止时间之后送达的，矿业权交易平台应当拒收。

在投标截止时间之前，投标人可以补充、修改但不得撤回投标文件，补充、修改的内容作为投标文件的组成部分。

第十九条 开标时，由出让人、投标人检查投标文件的密封情况，当众拆封，由矿业权交易平台工作人员宣读投标人名称、投标价格和投标文件的主要内容。

矿业权交易平台应当按照已公告的标准和方法确定中标人。

第二十条　拍卖会依照下列程序组织竞价：

（一）拍卖主持人点算竞买人；

（二）拍卖主持人介绍拍卖标的简要情况；

（三）拍卖主持人宣布拍卖规则和注意事项，说明本次拍卖有无底价设置；

（四）拍卖主持人报出起始价；

（五）竞买人应价；

（六）拍卖主持人宣布拍卖交易结果。

第二十一条　挂牌期间，矿业权交易平台应当在挂牌起始日公布挂牌起始价、增价规则、挂牌时间等；竞买人在挂牌时间内填写报价单报价，报价相同的，最先报价为有效报价；矿业权交易平台确认有效报价后，更新挂牌价。

挂牌期限届满，宣布最高报价及其报价者，并询问竞买人是否愿意继续竞价。有愿意继续竞价的，通过现场竞价确定竞得人。

挂牌时间不得少于 10 个工作日。

第二十二条　拍卖会竞价结束、挂牌期限届满，矿业权交易平台依照下列规定确定是否成交：

（一）有底价的，不低于底价的最高报价者为竞得人；无底价的，不低于起始价的最高报价者为竞得人。

（二）无人报价或者竞买人报价低于底价的，不成交。

第四章　确认及中止、终止

第二十三条　招标成交的，矿业权交易平台应当在确定中标人的当天发出中标通知书；拍卖、挂牌成交的，应当当场签订成交确认书。

第二十四条 中标通知书或者成交确认书应当包括下列基本内容：

（一）出让人和中标人或者竞得人及矿业权交易平台的名称、场所；

（二）出让的矿业权名称、交易方式；

（三）成交时间、地点和成交价格，主要中标条件；

（四）出让人和竞得人对交易过程和交易结果的确认；

（五）矿业权出让合同的签订时间；

（六）交易保证金的处置办法；

（七）需要约定的其他内容。

第二十五条 矿业权交易平台应当在招标、拍卖、挂牌活动结束后，5个工作日内通知未中标、未竞得的投标人、竞买人办理交易保证金退还手续。退还的交易保证金不计利息。

第二十六条 出让人与中标人或者竞得人应当根据中标通知书或者成交确认书签订矿业权出让合同。国土资源部登记权限的油气矿业权，由国土资源部与中标人或者竞得人签订出让合同；国土资源部登记权限的非油气矿业权，由省级国土资源主管部门与中标人或者竞得人签订出让合同。矿业权出让合同应当包括下列基本内容：

（一）出让人、中标人或者竞得人和矿业权交易平台的名称、场所、法定代表人；

（二）出让矿业权的简要情况，包括项目名称、矿种、地理位置、拐点范围坐标、面积、资源储量（勘查工作程度）、资源开发利用、开采标高等，以及勘查投入、矿山环境保护及土地复垦要求等；

（三）出让矿业权的年限；

（四）成交价格、付款期限、要求或者权益实现方式等；

（五）申请办理矿业权登记手续的时限及要求；

（六）争议解决方式及违约责任；

（七）需要约定的其他内容。

以协议方式出让矿业权的，参照上述内容签订出让合同。

第二十七条　有下列情形之一的，矿业权交易行为中止：

（一）公示公开期间出让的矿业权权属争议尚未解决；

（二）交易主体有矿产资源违法行为尚未处理，或者矿产资源违法行为的行政处罚尚未执行完毕；

（三）因不可抗力应当中止矿业权交易的其他情形。

矿业权交易行为中止的原因消除后，应当及时恢复矿业权交易。

第二十八条　有下列情形之一的，矿业权交易行为终止：

（一）出让人提出终止交易；

（二）因不可抗力应当终止矿业权交易；

（三）法律法规规定的其他情形。

第二十九条　出让人需要中止、终止或者恢复矿业权交易的，应当向矿业权交易平台出具书面意见。

矿业权交易平台提出中止、终止或者恢复矿业权交易，需经出让人核实同意，并出具书面意见。

矿业权交易平台应当及时发布中止、终止或者恢复交易的公告。

第五章　公示公开

第三十条　招标、拍卖、挂牌方式出让矿业权交易成交的，矿业权交易平台应当将成交结果进行公示。应当公示的主要内容包括：

（一）中标人或者竞得人的名称、场所；

（二）成交时间、地点；

（三）中标或者竞得的勘查区块、面积、开采范围的简要情况；

（四）矿业权成交价格及缴纳时间、方式；

（五）申请办理矿业权登记的时限；

（六）对公示内容提出异议的方式及途径；

（七）应当公示的其他内容。

第三十一条　以协议方式出让矿业权的，在确定协议出让矿业权受让人和出让范围后、申请登记前，国土资源主管部门应当将相关信息进行公示。应当公示的主要内容包括：

（一）受让人名称；

（二）项目名称或者矿山名称；

（三）拟协议出让矿业权的范围（含坐标、采矿权的开采标高、面积）及地理位置；

（四）勘查开采矿种、开采规模；

（五）符合协议出让规定的情形及理由；

（六）对公示内容提出异议的方式及途径；

（七）应当公开的其他内容。

以协议方式出让的非油气矿业权，须到国土资源部办理登记手续的，由省级国土资源主管部门进行信息公示，公示无异议后，省级国土资源主管部门向国土资源部出具公示无异议的书面材料，并附上述公示的主要内容。

第三十二条　申请在先、探矿权转采矿权（含划定矿区范围申请和采矿权登记申请）、以协议方式出让矿业权（协议出让采矿权的含划定矿区范围申请和采矿权登记申请）申请登记的，在国土资源主管部门受理后，应当将相关信息对外公开。

应当公开的主要内容包括：

（一）申请人名称；

（二）项目名称或者矿山名称；

（三）申请矿业权的取得方式；

（四）申请矿业权的范围（含坐标、采矿权的开采标高、面积）及地理位置；

（五）勘查开采矿种、开采规模；

（六）协议出让矿业权（划定矿区范围申请除外）的，所需缴纳的矿业权出让收益总额及缴纳方式；

（七）应当公开的其他内容。

第三十三条　转让矿业权的，国土资源主管部门在受理矿业权申请材料后，应当同时将转让基本信息进行公示。应当公示的主要内容包括：

（一）转让人名称、法定代表人、场所；

（二）项目名称或者矿山名称；

（三）受让人名称、法定代表人、场所；

（四）转让矿业权许可证号、发证机关、有效期限；

（五）转让矿业权的矿区（勘查区）地理位置、坐标、采矿权的开采标高、面积、勘查成果情况、资源储量情况；

（六）转让价格、转让方式；

（七）对公示内容提出异议的方式及途径；

（八）应当公示的其他内容。

须到国土资源部办理非油气矿业权转让审批手续的，由省级国土资源主管部门负责信息公示。

第三十四条　招标、拍卖、挂牌方式出让矿业权成交的，矿业权交易平台应当在发出中标通知书或者签订成交确认书后5个工作日内进行信息公示。

第三十五条　以招标、拍卖、挂牌方式出让矿业权的，公示信息应当在下列平台同时发布：

（一）国土资源部门户网站；

（二）同级国土资源主管部门门户网站；

（三）矿业权交易平台交易大厅；

（四）有必要采取的其他方式。

第三十一条、第三十二条、第三十三条所要求的公示公开信息应当在下列平台同时发布：

（一）国土资源部门户网站；

（二）同级国土资源主管部门门户网站；

（三）有必要采取的其他方式。

公示期不少于10个工作日。

申请非油气矿业权配号时，全国矿业权统一配号系统将与国土资源部门户网站自动关联并进行信息核对。

第三十六条 矿业权交易平台确需收取相关服务费用的，应当按照规定报所在地价格主管部门批准，并公开收费标准。

第三十七条 招标、拍卖、挂牌方式出让矿业权的，矿业权出让成交信息公示无异议、中标人或者竞得人履行相关手续后，持中标通知书或者成交确认书、矿业权出让合同等相关材料，向有审批权限的国土资源主管部门申请办理矿业权登记手续。

须到国土资源部办理以协议出让方式出让矿业权登记手续的，由省级国土资源主管部门按照公示无异议的书面材料，开展矿业权出让收益评估工作；油气矿业权的出让收益评估要求另行规定。

第六章 交易监管

第三十八条 地方各级国土资源主管部门应当加强对矿业权交易活动的监督管理。上级国土资源主管部门负责监督下级国土资源主管部门的矿业权交易活动，并提供业务指导。

国土资源主管部门应当加强对矿业权招标拍卖挂牌过程的监督，完善投诉处置机制，公布投诉举报电话，加强社会监督。

第三十九条 矿业权交易平台应当对每一宗矿业权交易建立档案，收集、整理自接受委托至交易结束全过程产生的相关文书并分类登记造册。

第七章　违约责任及争议处理

第四十条　有下列情形之一的，视为中标人、竞得人违约，按照公告或者合同约定承担相应的违约责任：

（一）中标人放弃中标项目的、竞得人拒绝签订矿业权成交确认书，中标人、竞得人逾期不签订或者拒绝签订出让合同的；

（二）中标人、竞得人未按约定的时间付清约定的矿业权出让收益或者其他相关费用的；

（三）中标人、竞得人提供虚假文件或者隐瞒事实的；

（四）向主管部门或者评标委员会及其成员行贿或者采取其他不正当手段中标或者竞得的；

（五）其他依法应当认定为违约行为的情形。

第四十一条　矿业权交易过程中，矿业权交易平台及其工作人员有违法、违规行为的，由国土资源主管部门或者矿业权交易平台主管部门依法依规予以处理；造成经济损失的，应当承担经济赔偿责任；情节严重、构成犯罪的，移交司法机关处理。

第四十二条　交易过程中发生争议，合同有约定的，按合同执行；合同未约定的，由争议当事人协商解决，协商不成的，可依法向人民法院起诉。

第八章　附　　则

第四十三条　省级国土资源主管部门可参照本规则制定矿业权交易规则及矿业权网上交易规则，规范矿业权交易行为。

第四十四条　矿业权交易活动中涉及的所有费用，均以人民币计价和结算。

第四十五条　《国土资源部关于建立健全矿业权有形市场的通知》（国土资发〔2010〕145号）、《国土资源部关于印发〈矿业权交易规则（试行）〉的通知》（国土资发〔2011〕242 号）、《国土资源部办公厅关于做好矿业权有形市场出让转让信息公示公开有关工作的通知》（国土资厅发〔2011〕19 号）以及《国土资源部办公厅关于加快推进建立地（市）级矿业权交易机构的通知》（国土资厅发〔2011〕42 号）同步废止。

本规则发布前，国土资源部以往有关矿业权交易的规定与本规则不一致的，以本规则为准；省级国土资源主管部门制定的有关规范矿业权交易的文件与本规则不一致的，按照本规则执行。

第四十六条　本规则自发布之日起实行，有效期五年，由国土资源部负责解释。

国土资源部关于进一步规范矿产资源勘查审批登记管理的通知

(国土资规〔2017〕14号)

各省、自治区、直辖市国土资源主管部门：

为全面贯彻落实党的十九大精神，深入贯彻习近平新时代中国特色社会主义思想，认真落实党中央、国务院关于生态文明建设及"简政放权、放管结合、优化服务"改革要求，深化矿业权管理制度改革，保障矿产资源勘查市场健康有序发展，保护矿业权人合法权益，依据《中华人民共和国矿产资源法》《中华人民共和国行政许可法》《矿产资源勘查区块登记管理办法》等法律法规规定，结合矿业权管理工作实际，进一步规范矿产资源勘查审批登记管理。现将有关事项通知如下。

一、规范矿产资源勘查准入

（一）设立探矿权必须符合生态环境保护、矿产资源规划及国家产业政策等政策要求。

（二）非油气探矿权人原则上应当为营利法人或者非营利法人中的事业单位法人。油气（包含石油、天然气、页岩气、煤层气、天然气水合物，下同）探矿权人原则上应当是营利法人。

（三）探矿权申请人的资金能力必须与申请的勘查矿种、勘查面积和勘查工作阶段相适应，以提供的银行资金证明（国有大型石油企业年度项目计划）为依据，不得低于申请项目勘查实施方案安排的第一勘查年度资金投入额。中央或者地方财政全额出资勘查项目提交项目任务书及预算批复。

（四）申请探矿权新立、延续、变更勘查矿种（含增列，下同），以及探矿权合并、分立变更勘查范围，需编制勘查实施方案。

勘查实施方案应当符合地质勘查规程、规范和标准，计划勘查资金投入不得低于法定最低勘查投入要求。探矿权申请人可按要求自行编制或者委托有关机构编制勘查实施方案，登记管理机关不得指定特定中介机构提供服务。勘查实施方案编制审查要求按有关规定执行。

二、完善探矿权新立、延续、保留审批管理

（五）中央或者地方财政全额出资勘查的新立探矿权申请范围不得小于1个基本单位区块。

（六）新立探矿权的申请勘查范围不得与已设矿业权垂直投影范围重叠，下列情形除外：

1. 申请范围与已设矿业权范围重叠，申请人与已设矿业权人为同一主体的；

2. 油气与非油气之间，申请范围与已设探矿权（煤层气与煤炭探矿权除外）范围重叠，申请人向登记管理机关提交不影响已设探矿权人权益承诺的；申请范围与已设采矿权（小型露采砂石土类采矿权除外）范围重叠，申请人与已设采矿权人签订了互不影响和权益保护协议的；

已设油气探矿权增列煤层气申请范围与已设煤炭矿业权重叠，申请人与已设煤炭矿业权人签订了互不影响和权益保护协议的；

新立油气探矿权申请范围与已设小型露采砂石土类采矿权重叠，申请人向登记管理机关提交不影响已设采矿权人权益承诺的；

3. 可地浸砂岩型铀矿申请范围与已设煤炭矿业权范围重叠，申请人与已设煤炭矿业权人签订了互不影响和权益保护协议的。

互不影响和权益保护协议不得损害国家利益和第三方合法权益。采取承诺方式的，非油气探矿权申请人应当承诺不影响已设矿业权勘查开采活动，确保安全生产、保护对方合法权益等；油气探矿权申请人应当承诺合理避让已设非油气矿业权，且不影响已设非油气矿业权勘查开采活动，无法避让的要主动退出，确保安全生产、保护对方合法权益等。

（七）各级国土资源主管部门要根据需要，组织建立油气矿业权人、非油气矿业权人、国土资源主管部门三方工作协调机制，对涉及油气与非油气矿业权重叠相关问题进行交流沟通、协调推进工作，妥善解决有关问题。

（八）非油气探矿权延续时，应当提高符合规范要求的勘查阶段，未提高勘查阶段的，应当缩减不低于首次勘查许可证载明勘查面积的25%，下列情形除外：

1. 中央或者地方财政全额出资勘查的探矿权；

2. 已设采矿权矿区范围垂直投影的上部或者深部勘查且与已设采矿权属同一主体的探矿权；

3. 经储量评审认定地质工作程度达到详查及以上且地质报告已经资源储量评审备案的探矿权。

合并、分立或者扩大过勘查范围的探矿权，以其登记后的范围作为延续时缩减的首设面积。

（九）因生态保护、规划调整、公益性重点工程建设等原因，已设探矿权的部分勘查范围无法继续勘查或者转为采矿权的，可凭政府相关部门证明文件，抵扣按本通知第（八）条规定需缩减的面积。

（十）探矿权延续登记，有效期起始日原则上为原勘查许可证有效期截止日。

（十一）勘查许可证剩余有效期不足三个月的，探矿权登记管理机关可在门户网站上滚动提醒。

（十二）首次申请探矿权保留，应当依据经资源储量评审备案的地质报告。资源储量规模达到大中型的煤和大型非煤探矿权申请保留，应当达到勘探程度；其他探矿权申请保留，应当达到详查及以上程度。已设采矿权垂直投影范围内的探矿权首次申请保留，应当达到详查及以上程度。

（十三）探矿权人申请探矿权延续、保留，应当在规定期限内提出申请。因不可抗力或者政府及其有关部门原因，未在规定期限内提出延续申请，或者需要继续延长保留期的，探矿权人应当提交能够说明原因的相关证明材料。

三、严格探矿权变更审批管理

（十四）以申请在先、招标、拍卖、挂牌方式取得的非油气探矿权申请变更主体，应当持有探矿权满 2 年，或者持有探矿权满 1 年且提交经资源储量评审备案的普查及以上地质报告。

以协议方式取得的非油气探矿权申请变更主体，应当持有探矿权满 10 年；未满 10 年的，按协议出让探矿权的要件要求及程序办理。

（十五）申请变更探矿权主体的，转让人和受让人应当一并向登记管理机关提交变更申请。勘查许可证剩余有效期不足 6 个月的，申请人（受让人）可以同时申请办理延续。

（十六）符合本通知第（六）条规定设置的探矿权申请变更主体，受让人应当按本通知第（六）条规定，提交互不影响和权益保护协议或者不影响已设矿业权人权益承诺。属同一主体的已设采矿权与其上部或者深部勘查探矿权，不得单独转让。

（十七）以招标、拍卖、挂牌或者协议方式取得的非油气探矿权，申请变更勘查矿种的，出让时对能否变更勘查矿种有约定的，从其约定。

以申请在先方式取得，以及以招标、拍卖、挂牌或者协议方式取得但出让时对能否变更勘查矿种未有约定的非油气探矿权中，勘查主矿种为金属类矿产的探矿权可申请勘查矿种变更为其他金属类矿产，依据经资源储量评审备案的普查及以上地质报告提出申请。

铀矿探矿权人原则上不得申请变更勘查矿种。勘查过程中发现其他矿种的，应当进行综合勘查，并向登记管理机关提交相应的勘查报告，其探矿权按照国家有关规定处置。

涉及变更为国家限制或者禁止勘查开采矿种的，依照相关规定管理。

（十八）非油气探矿权人因自身转采矿权需要，可依据经资源储量评审备案的详查及以上地质报告申请分立。探矿权分立后，不得单独变更主体。

（十九）人民法院将探矿权拍卖或者裁定给他人的，登记管理机关根据受让人提交的探矿权变更申请及人民法院出具的协助执行通知书，办理变更登记。受让人应当具备本通知第（二）条规定的探矿权申请人条件。

四、加强探矿权监督管理

（二十）全国审批登记颁发的勘查许可证实行统一配号。油气勘查许可证单独编号。

（二十一）登记管理机关应当定期清理过期探矿权，对勘查许可证有效期届满前未按要求申请延续登记的，由矿业权登记管理机关纳入已自行废止矿业权名单向社会公告。

（二十二）加强矿产资源勘查审批登记信息公开，接受社会监督。登记管理机关在批准探矿权申请后，及时在门户网站进行公开。

（二十三）地方各级国土资源主管部门应当加强对探矿权人勘查行为的监督管理，对违法违规勘查行为，依法予以查处。对勘查开采信息公示中列入严重违法名单的探矿权人，依法不予审批登记新的探矿权。

五、其他

（二十四）探矿权申请人应当如实向登记管理机关提交申请材料，并对其申请材料真实性负责。

（二十五）探矿权申请材料需补正的，登记管理机关应当出具补正通知书，申请人应当按照补正通知书的时限要求完成补正。

（二十六）勘查审批登记中涉及矿业权出让收益的，按照《财政部 国土资源部关于印发〈矿业权出让收益征收管理暂行办法〉的通知》（财综〔2017〕35 号）执行。

（二十七）勘查许可证遗失需补办的，申请人持补办申请书向原登记管理机关申请补办，经原登记管理机关门户网站公示 10个工作日无异议后，补发勘查许可证。补办的勘查许可证应当注明补办时间。

（二十八）沉积变质型和沉积型铁矿属于《关于进一步规范矿业权出让管理的通知》（国土资发〔2006〕12 号）规定的第二类矿产，其他类型铁矿属第一类矿产；离子型稀土属第二类矿产。

本通知自印发之日起施行，有效期五年。《关于加强地热、矿泉水勘查、开采管理的通知》（国土资发〔2000〕209 号）、《国土资源部办公厅关于做好探矿权采矿权延续审批登记工作有关问题的通知》（国土资厅发〔2008〕144 号）、《国土资源部关于进一步规范探矿权管理有关问题的通知》（国土资发〔2009〕200 号）、《国土资源部关于鼓励铁铜铝等国家紧缺矿产资源勘查开采有关问题的通知》（国土资发〔2010〕144 号）、《国土资源部办公厅关于国土资源大调查项目探矿权转让有关问题的通知》（国土资厅发〔2011〕68 号）同时废止。

国土资源部

二〇一七年十二月十四日

国土资源部关于进一步规范
矿业权申请资料的通知

（国土资规〔2017〕15号）

各省、自治区、直辖市国土资源主管部门：

为深入贯彻落实国务院简政放权、放管结合、优化服务的决策部署，根据《中华人民共和国矿产资源法》《矿产资源勘查区块登记管理办法》《矿产资源开采登记管理办法》和《探矿权采矿权转让管理办法》等法律法规的相关规定，按照《国务院办公厅关于做好行政法规部门规章和文件清理工作有关事项的通知》（国办发〔2016〕12号）要求，在全面梳理涉及矿业权申请资料相关规定的基础上，经整理归纳、精简完善、细化分类，形成了部审批矿业权申请资料清单及有关要求。现就有关事项通知如下：

一、矿业权申请资料清单要求

（一）矿业权申请资料清单本着规范、精简、公开的原则依法依规制定。

（二）探矿权申请资料清单分为新立、延续、保留、变更、注销和试采（油气）六种类型，采矿权申请资料清单分为划定矿区范围、新立、延续、变更和注销五种类型。

二、矿业权申请资料申报要求

（三）矿业权申请资料是申请矿业权审批登记的必备要件，

申请人应按要求填报和提交，对提交的申请资料的真实性负责，并承担相应法律责任。

（四）申请矿业权审批登记，应按本通知附件要求（见附件1、附件2），提交内容一致的纸质、电子文档各一份。

（五）除本通知附件中标注为复印件的资料外，矿业权申报资料纸质文档应为原件。提交的复印件应清晰、完整，并加盖申请人印章；复印件为多页的，除在第一页盖章外，还应在每一页上加盖骑缝章。

（六）矿业权申请资料电子文档一律使用光盘存储，一个项目一份光盘，光盘表面应标注项目名称。提交的电子文档包括资料清单、所有纸质文档的扫描件及申请登记书报盘文件。其中：资料清单为 TXT 格式，以"资料清单+txt"命名；纸质文档为 PDF 格式或 JPG（单页）格式，以"申报资料详细名称+文件格式"命名。

三、矿业权申请（登记）书格式及要求

（七）矿业权申请（登记）书按新的统一格式施行。探矿权申请（登记）书（格式）见附件3，采矿权申请（登记）书（格式）见附件4。

（八）向国土资源部提交的申请（登记）书应报送电子报盘，最新版本报盘软件从国土资源部官方网站下载，下载路径：国土资源部门户网站首页>办事>软件—矿业权>矿业权软件。

（九）矿业权申请的范围拐点坐标采用 2000 国家大地坐标系，高程采用 1985 国家高程基准。

四、省级国土资源主管部门意见及其他部门文件

（十）在国土资源部申请办理探矿权、采矿权审批登记的，除探矿权注销审批登记外，申请人应向省级国土资源主管部门提

出查询要求，省级国土资源主管部门应对相关事项进行核查并将核查结果及时直接书面报国土资源部。省级国土资源主管部门核查意见（范本）见附件5。

（十一）省级国土资源主管部门意见应以国土资源部为主送单位，编正式文号并加盖单位公章，以PDF文档形式通过"国土资源主干网"的"国土资源部远程申报系统"直接传输至部政务大厅。若涉及铀矿采矿权开采范围、生产规模的，按秘密级文件的相关规定报送。

（十二）军事部门意见由审批登记机关直接征询，其他部门文件资料由申请人按规定报送。

五、其他规定

（十三）本通知申请资料清单及要求适用于国土资源部审批登记申请，省级及以下国土资源主管部门可参照执行。

（十四）本通知自2018年3月18日起施行，有效期5年。《关于采矿权申请登记书式样的通知》（国土资发〔1998〕14号）、《国土资源部关于印发探矿权、采矿权转让申请书、审批表及审批通知书格式的通知》（国土资发〔1998〕20号）、《国土资源部关于探矿权、采矿权申请资料实行电子文档申报的公告》（国土资源部公告2007年第12号）、《国土资源部办公厅关于做好探矿权采矿权登记与矿业权实地核查工作衔接有关问题的通知》（国土资厅发〔2009〕54号）、《关于调整探矿权、采矿权申请资料有关问题的公告》（国土资源部公告2009年第17号）、《国土资源部关于规范新立和扩大勘查范围探矿权申请资料的通知》（国土资发〔2009〕103号）、《国土资源部关于申请新立和扩大勘查范围探矿权报件清单的公告》（国土资源部公告2009年第22号）、《国土资源部办公厅关于印发（矿业权登记数据更新与换证工作方案）的通知》（国土资厅发〔2010〕2号）、《国土资源部关于调整探矿权申请资料有关问题的公告》（国土资源部公告 2011 年第 25 号）、《国土资源部办公厅关于调整国土资源部矿业权（非油气矿产）申请审批相关文件报送方式的函》（国土资厅函〔2014〕644 号）同时废止。

    附件：1. 探矿权申请资料清单及要求

          2. 采矿权申请资料清单及要求

          3. 探矿权申请登记书及申请书（格式）（略）

          4. 采矿权申请登记书及申请书（格式）（略）

          5. 省级国土资源主管部门意见（范本）（略）

国土资源部

二〇一七年十二月十八日

附件 1

探矿权申请资料清单及要求

序号	材料名称	新立	延续	保留	注销	试采（油气）	变更					要求
							扩大勘查区块范围（含合并）	缩小勘查区块范围（含分立）	勘查主矿种	探矿权人名称	转让	
1	探矿权申请登记书或申请书	▲	▲	▲	▲	▲	▲	▲	▲	▲	▲	1. 附电子报盘。 2. 转让探矿权申请：探矿权人提交转让申请书，探矿权受让人提交变更申请登记。 3. 油气试采：提交试采申请书（含试采井位坐标表、控制范围坐标）。 4. 申请书各栏坐标页。
2	申请人的企业营业执照副本或事业单位法人证书（复印件）	▲	▲	▲	▲	—	▲	▲	▲	▲	▲	1. 变更探矿权人名称申请：应提交变更前、后营业执照副本或法人证书。 2. 转让探矿权申请：应提交转让人与受让人的企业营业执照副本或事业单位法人证书。

续表

序号	材料名称	新立	延续	保留	注销	试采（油气）	变更					要求
							扩大勘查区块范围（含合并）	缩小勘查区块范围（含分立）	勘查主矿种	探矿权人名称	转让	
3	勘查许可证	—	▲	▲	▲	▲	▲	▲	▲	▲	▲	试采（油气）申请：提供复印件。
4	勘查工作计划、勘查合同或者委托勘查的证明文件（复印件）	▲	▲	—	—	—	▲	▲	▲	▲	▲	变更探矿权人名称申请（仅适用于油气）；油气项目提供。
5	勘查实施方案和评审意见书	▲	▲	—	—	▲	▲	▲	▲	▲	▲	1. 申请人可按要求自行编制也可委托有关机构编制勘查实施方案，审批部门不得以任何形式要求申请人委托特定中介机构服务。2. 经各省级国土资源主管部门组织委托的机构组织评审通过并出具审查意见书。（仅适用于油气）3. 保留申请、试采申请，变更探矿权人名称及转让（仅适用于油气）；保留申请提供地理位置图及勘查程度图，试采申请提交试采方案（含试采井位、控制范围与勘查区块关系图）；其他油气申请提交勘查实施方案。4. 缩小勘查区块范围（含分立）申请（仅适用于油气）：以分立方式缩小申请，缩小区块范围的提交此资料，其他缩小勘查区块范围申请不需要提交此资料。

续表

序号	材料名称	新立	延续	保留	注销	试采（油气）	变更					要求
							扩大勘查区块范围（含合并）	缩小勘查区块范围（含分立）	勘查主矿种	探矿权人名称	转让	
6	省级国土资源主管部门意见	▲	▲	▲	—	—	▲	▲	▲	▲	▲	仅适用于非油气按本通知及附件5要求，由省级国土资源主管部门通过系统报送。（国土资源部省级审批登记的除外）
7	协议出让申请资料	▲	—	—	—	—	▲	—	—	—	—	1. 限于以协议方式出让探矿权的，以合并方式扩大勘查区块范围的不需提交此资料。2. 提交协议出让申请，协议出让制度规定的有关政府及部门文件等资料。
8	地质资料汇交凭证	—	—	—	▲	—	—	—	—	—	—	

续表

序号	材料名称	新立	延续	保留	注销	试采(油气)	变更					要求
							扩大勘查区块范围(含合并)	缩小勘查区块范围(分立)	勘查主矿种	探矿权人名称	转让	
9	矿业权出让收益(价款)缴纳或有偿处置证明材料(复印件)	▲	—	—	—	—	▲	—	▲	▲	▲	提供缴款通知书、分期缴款批复或包含矿业权出让收益(价款)缴纳时间、方式的矿业权出让合同以及矿业权出让收益(价款)缴纳票据和相关有效凭证等材料。如没有相应材料，应由批准出让矿业权的国土资源主管部门出具书面意见，说明矿业权出让收益(价款)缴纳的具体情况；对已批准将矿业权出让收益(价款)转增为国家基金或国家资本金的，应提供批复文件。

续表

序号	材料名称	新立	延续	保留	注销	试采(油气)	变更					要求
							扩大勘查区块范围(含合并)	缩小勘查区块范围(含分立)	勘查主矿种	探矿权人名称	转让	
10	符合国家限制及政策调控申请条件的证明材料	▲	—	—	—	—	▲	—	▲		—	仅适用于非油气 1. 新立、扩大勘查区块范围(含合并)申请:仅限于申请国家限制或政策调控矿种的勘查项目,以合并方式扩大勘查区块范围的不需提交此资料。 2. 变更勘查主矿种申请:仅限于变更后的矿种为国家限制或政策调控矿种的勘查项目。
11	经评审备案的矿产资源储量评审意见书(复印件)	—	—	▲	—	—	—	—	—		—	仅限于首次探矿权保留申请。
12	勘查项目完成报告或者终止报告	—	—	—	▲	—	—	—	—		—	

续表

序号	材料名称	变更									转让	要求
		新立	延续	保留	注销	试采（油气）	扩大勘查区块范围（含合并）	缩小勘查区块范围（含分立）	勘查主矿种	探矿权人名称		
13	变更探矿权人名称的证明文件（原件或复印件）	—	—	—	—	—	—	—	—	▲	—	工商部门出具的变更批准文件或工商变更事项查询单等资料。
14	探矿权转让合同（复印件）	—	—	—	—	—	—	—	—	—	▲	
15	经评审备案的普查以上工作程度的地质报告（原件或复印件）	—	—	—	—	—	—	—	—	—	▲	仅适用于非油气仅以申请在先、招标、拍卖、挂牌方式取得的探矿权，设立时间满1年但未满2年的勘查项目。
16	国务院批准建设立石油公司或者同意的批准文件	▲	—	—	—	—	—	—	—	—	▲	仅适用于油气转让申请：由受让人提供。

续表

序号	材料名称	新立	延续	保留	注销	试采（油气）	变更					要求
							扩大勘查区块范围（含合并）	缩小勘查区块范围（含分立）	勘查主矿种	探矿权人名称	转让	
17	对外合作合同副本等有关批准文件	▲	▲	▲	—	—	▲	▲	▲	▲	▲	仅适用于油气签订对外合同后即备案。
18	煤炭矿业权许可证、煤层气与煤炭范围关系图	▲	—	—	—	—	—	—	—	—	—	仅适用于油气适用于在自有煤炭矿业权内补办煤层气矿业权项目。

注：1. 表中标"▲"为必须提交的资料（"要求"栏中有特殊规定的，从其规定），标"—"为无须提交的资料。

2. 申请人需提交纸质文档和电子文档各一份，且内容相互一致。

3. 除特殊要求外，纸质文档都须提交原件。复印件若为多页，需在首页、骑缝加盖申请人印章；若为单页，需在页面加盖申请人印章。

4. 凡涉及申请人盖章，必须与矿业权人名称一致。

附件2

采矿权申请资料清单及要求

序号	材料名称	划定矿区范围	新立	延续	注销	变更					要求
						扩大勘查区块范围(含合并)	缩小勘查区块范围(含分立)	开采主矿种、开采方式	采矿权人名称	转让	
1	划定矿区范围申请书、采矿权申请登记书或申请书	▲				▲	▲	▲	▲	▲●	1. 附电子报盘。2. 转让采矿权申请：应提交转让申请书和变更申请登记书。
2	申请人的企业营业执照副本(复印件)	▲	▲	▲	▲	▲	▲	▲	▲	▲	1. 变更采矿权人名称申请：应提交变更前、后的企业营业执照副本。2. 转让采矿权申请：应提交转让人与受让人的企业营业执照副本。

续表

序号	材料名称	划定矿区范围	新立	延续	注销	变更				转让	要求
						扩大勘查区块范围(含合并)	缩小勘查区块范围(含分立)	开采主矿种、开采方式	采矿权人名称		
3	矿业权出让收益(价款)缴纳或有偿处置证明材料(复印件)	▲				▲	▲	▲	▲	▲	提供缴款通知书,分期缴款(价款)缴纳时间、方式的矿业权成交确认书,矿业权出让合同以及矿业权出让收益(价款)缴纳票据和相关完税凭证等材料。如没有相应材料,应由批准缴款的国土资源部门出具书面意见,说明矿业权出让收益(价款)缴纳的具体情况;对已批准将矿业权出让收益(价款)转增为国家资本金或国家出资的,应提供批复文件。
4	经评审备案的矿产资源储量评审意见书及登记书(复印件)	▲	▲	▲	▲	▲	▲	▲		▲	1. 划定矿区范围申请(仅适用于非油气):提交经评审备案的评审意见书及查明储量登记书。2. 新立申请:提交经评审备案的储量评审意见书,油气矿业权还需提供油气产资源储量登记书,非油气提高提供矿产资源储量登记,非油气矿业权人在领取采矿许可证前办理占用矿产资源储量登记。3. 延续申请:非油气提交原采产资源储量登记;油气提交原采

续表

序号	材料名称	划定矿区范围	新立	延续	注销	扩大勘查区块范围（含合并）	缩小勘查区块范围（含分立）	开采主矿种、开采方式	采矿权人名称	转让	要求
						变更					
4	经评审备案的矿产资源储量评审意见书及登记书（复印件）	▲	▲	▲	▲	▲	▲	▲	▲	▲	矿权占用储量登记书和剩余保有资源储量证明材料，属大中型资源储量规模的，剩余保有资源储量的证明材料为近三年经评审备案的资源储量报告审查意见书，其他情况剩余保有资源储量报告为当年度或上一年度的矿山储量年报；油气提交原采矿权占用储量登记书及近三年的经评审备案的矿产资源储量评审意见书。4. 注销申请：非油气提交停办（关闭）矿山残留矿产资源储量报告及批复文件；油气提供矿产资源储量结算报告。5. 变更申请：非油气用储量登记书，原占用储量登记书和变更后的矿产资源储量说明，矿业权人在领取矿许可证前办理占用矿产资源储量登记；油气提交原采矿权油气储量登记书及近三年的经评审备案的经评审意见书及登记书。

续表

序号	材料名称	划定矿区范围	新立	延续	注销	变更 扩大勘查区块范围(含合并)	变更 缩小勘查区块范围(含分立)	变更 开采主矿种、开采方式	变更 采矿权人名称	转让	要求
5	省级国土资源主管部门意见	▲	▲	▲	▲	▲	▲	▲	▲	▲	仅适用于非油气按本通知及附件5要求，由省级国土资源主管部门通过系统报送。（国土资源部委托省级审批登记的除外）
6	外商投资企业批准证书（复印件）		▲	▲		▲	▲	▲	▲	▲	仅适用于油气 1. 新立申请：仅限于外商提出申请的。2. 延续申请：仅限于采矿权人为外商的。3. 变更申请：仅限于采矿权受让人为外商的，其转让变更仅限于采矿权受让人为外商的。
7	有关主管部门的项目核准文件（复印件）					▲	▲	▲	▲	▲	仅适用于非油气仅限于煤炭采矿权或外商申请《外商投资产业指导目录（最新版）》中限制性矿种的，应有相关主管部门的项目核准文件。
8	采矿许可证正、副本			▲	▲					▲	

续表

序号	材料名称	划定矿区范围	新立	延续	注销	变更 扩大勘查区块范围(含合并)	变更 缩小勘查区块范围(含分立)	变更 开采主矿种、开采方式	变更 采矿权人名称	转让	要求
9	矿山地质环境保护与土地复垦方案评审意见公告结果			▲							延续申请：适用于未提交过方案或方案已超出有效期的，以及原矿山地质环境保护与治理恢复方案和土地复垦方案其中一个超过有效期的情形。
10	地质资料汇交凭证或无需汇交地质资料意见表（复印件）	▲	▲		▲	▲	▲	▲			1. 划定矿区范围申请（仅适用于非油气）：仅限于探矿权人申请探转采的情形。2. 新立申请（仅适用于油气）：需提交地质资料汇交凭证。
11	三叠图	▲	▲			▲					仅适用于非油气 1. 划定矿区范围申请（或招拍挂出让范围，申请协议出让范围的），坐标及三者叠合图。2. 新立、扩大矿区范围申请：应提交划定的矿区权采范围与资源储量估算范围的坐标及三者叠合图。2. 新立、扩大申请采矿权范围、资源储量估算范围的坐标及三者叠合图。

续表

序号	材料名称	划定矿区范围	新立	延续	注销	变更					要求
						扩大勘查区块范围（合并）	缩小勘查区块范围（含分立）	开采主矿种、开采方式	采矿权人名称	转让	
12	矿产资源开发利用方案和专家审查意见	▲	▲			▲	▲	▲		▲	▲	延续、缩小矿区范围，变更采矿权人名称及转让申请：仅适用于油气，油气申请项目仅需提交矿产资源开发利用方案。
13	环境影响评价报告及环保部门批复文件（复印件）	▲	▲			▲		▲				
14	划定矿区范围批复（原件，复印件）	▲	▲			▲						仅适用于非油气。办理过预留期限延续的，还应提交延期批复：提交原件。1.新立申复。2.

续表

序号	材料名称	划定矿区范围	新立	延续	注销	变更				转让	要求
						扩大勘查区块范围(含合并)	缩小勘查区块范围(含分立)	开采主矿种、开采方式	采矿权人名称		
15	勘查许可证	▲	▲			▲					1. 限于探矿权人提出申请的。2. 新立、扩大矿区范围、变更开采主矿种申请（仅适用于油气）：需提交勘查许可证。
16	协议出让申请材料	▲	▲					▲			仅适用于非油气 1. 限于以协议方式出让采矿权的。2. 提交协议出让制度规定的有关政府及部门文件等资料。
17	以地质地形图为底图的矿区范围图										仅适用于非油气
18	关闭矿山报告或完成终止报告				▲						关闭矿山报告中应包含矿区范围图、矿山开采现状及实测图件，储量动用及剩余情况、土地复垦利用情况或者依法缴纳土地复垦费使用费缴纳情况及相关票据等内容。

续表

序号	材料名称	划定矿区范围	新立	延续	注销	变更					要求
						扩大勘查区块范围(含合并)	缩小勘查区块范围(含分立)	开采主矿种、开采方式	采矿权人名称	转让	
19	变更采矿权人名称的证明文件或(原印件或复印件)								▲		工商部门出具的变更批准文件或工商变更事项查询单等资料。
20	矿山投产满1年的证明材料									▲	其中以协议方式取得的,除母公司与全资子公司之间的转让外,应提交矿山投产满5年证明材料。
21	采矿权转让合同(复印件)									▲	转让合同中应包含土地复垦等其他法定义务转移的相关内容。
22	上级主管部门或单位的同意转让的意见									▲	仅限于涉及国有资产企业转让变更申请。

续表

序号	材料名称	变更									要求
		划定矿区范围	新立	延续	注销	扩大勘查区块范围(含合并)	缩小勘查区块范围(含分立)	开采主矿种、开采方式	采矿权人名称	转让	
23	国务院批准设立石油公司或者同意的批准文件									▲	仅适用于油气转让由受让人提供。
24	对外合作合同副本等有关批准文件		▲	▲		▲		▲	▲	▲	仅适用于油气
25	煤炭矿业权、煤层气与煤炭许可证、煤层气范围关系图		▲								仅适用于油气

注：1. 表中标"▲"为必须提交的资料（"要求"栏中有特殊规定的，从其规定），标"—"为无须提交的资料。

2. 申请人需提交纸质文档和电子文档各一份，且内容相互一致。

3. 除特殊要求外，纸质文档都须提交原件。复印件若为多页，需在首页、骑缝加盖申请人印章；若为单页，需在页面加盖申请人印章。

4. 凡涉及申请人盖章，必须与矿业权人名称一致

国土资源部关于完善矿产资源
开采审批登记管理有关事项的通知

（国土资规〔2017〕16号）

各省、自治区、直辖市国土资源主管部门：

为贯彻落实国务院深化行政审批制度改革要求，进一步规范和完善矿产资源开采审批登记管理，依据《中华人民共和国矿产资源法》《中华人民共和国行政许可法》《矿产资源开采登记管理办法》等相关法律法规，结合矿业权管理工作实际，现就有关事项通知如下。

一、调整划定矿区范围管理

（一）矿区范围是指可供开采矿产资源范围、井巷工程设施分布范围或者露天剥离范围的立体空间区域。划定矿区范围是指登记管理机关对申请人提出的矿区范围依法审查批准的行政行为。

探矿权人申请采矿权的，矿区范围通过登记管理机关审查批准划定矿区范围申请确定，并参照《矿业权交易规则》相关规定签订采矿权出让合同。以招标、拍卖、挂牌等竞争方式及协议方式出让采矿权的，由登记管理机关确定出让的矿区范围，并根据《矿业权交易规则》相关规定签订采矿权出让合同。矿区范围的确定应当符合矿产资源规划。采矿权申请人依据确定的矿区范围编报采矿登记相关资料。

在油气（包含石油、天然气、页岩气、煤层气、天然气水合物，下同）矿产探矿权范围内申请油气采矿权，不涉及划定矿区范围事项。

（二）矿区范围的确定应当依据经评审备案的矿产资源储量报告。资源储量规模为大型的非煤矿山、大中型煤矿依据的矿产资源储量勘查程度应当达到勘探程度，其他矿山应当达到详查及以上程度，砂石土等以招标拍卖挂牌方式直接出让采矿权的（以下简称"第三类矿产"）勘查程度的具体要求按照各省（区、市）有关规定执行。

由国土资源部协议出让的，矿产资源储量评审备案由省级国土资源主管部门负责实施。

（三）探矿权人申请采矿权的，划定矿区范围预留期保持到其采矿登记申请批准并领取采矿许可证之日，预留期内，探矿权人应在勘查许可证有效期届满的 30 日前，申请保留探矿权。以招标、拍卖、挂牌等竞争方式及协议方式出让采矿权的，办理采矿登记时限在采矿权出让合同中约定。

（四）已设采矿权利用原有生产系统申请扩大矿区范围的，申请人应当按扩大后的矿区范围统一编制申报要件。第三类矿产的采矿权不得以协议出让方式申请扩大矿区范围。

（五）探矿权人申请采矿权且申请的矿区范围内涉及多个矿种的，应当按经评审备案的矿产资源储量报告的主矿种和共伴生矿种划定矿区范围，并对共伴生资源进行综合利用；对共伴生资源综合利用有限制性规定的，按有关规定办理。

（六）探矿权人在取得划定矿区范围批复后，探矿权人变更的，在申请采矿登记时应当提交变更后的勘查许可证。

二、规范采矿权新立、延续审批登记管理

（七）采矿权申请人原则上应当为营利法人。外商投资企业申请限制类矿种采矿权的，应当出具有关部门的项目核准文件。

申请放射性矿产资源采矿权的，应当出具行业主管部门的项目核准文件。

　　申请人在取得采矿许可证后，须具备其他相关法定条件后方可实施开采作业。

　　（八）采矿权申请人可按要求自行编制或委托有关机构编制矿产资源开发利用方案，登记管理机关不得指定特定中介机构提供服务。矿产资源开发利用方案的编制内容及评审须符合国土资源主管部门相关规定。

　　（九）新立采矿权申请范围不得与已设矿业权垂直投影范围重叠，下列情形除外：

　　1. 申请范围与已设矿业权范围重叠，申请人与已设矿业权人为同一主体的；

　　2. 油气与非油气之间，新立采矿权与已设矿业权重叠，双方签订了互不影响和权益保护协议的。其中，新立油气采矿权与已设小型露采砂石土类采矿权重叠，或新立小型露采砂石土类采矿权与已设油气矿业权重叠，申请人向登记管理机关提交了不影响已设矿业权人权益承诺的；

　　3. 新立可地浸砂岩型铀矿采矿权与已设煤炭矿业权重叠，双方签订了互不影响和权益保护协议的。

　　互不影响和权益保护协议不得损害国家利益和第三方合法权益。采取承诺方式的，小型露采砂石土类采矿权申请人应当承诺不影响已设油气矿业权勘查开采活动，确保安全生产、保护对方合法权益等；油气采矿权申请人应当承诺合理避让已设小型露采砂石土类采矿权，且不影响其开采活动，无法避让的要主动退出，确保安全生产、保护对方合法权益等。

　　（十）采矿权延续的采矿许可证有效期根据《矿产资源开采登记管理办法》（国务院令第241号）第七条确定。采矿权延续申请批准后，其有效期应始于原采矿许可证有效期截止之日。

（十一）非油气探矿权转采矿权的，准予采矿权新立登记后，申请人应申请注销原探矿权，并凭探矿权注销通知（证明）领取采矿许可证。油气探矿权申请采矿权的，勘查登记与采矿登记属于同一登记机关的，需同时提交探矿权变更缩减面积或注销申请；勘查登记与采矿登记不属于同一登记机关的，准予采矿权新立登记后，申请人应申请注销原探矿权或变更缩减原探矿权面积，凭注销通知（证明）或变更缩减面积后的勘查许可证领取采矿许可证。

（十二）采矿许可证剩余有效期不足三个月的，采矿权登记管理机关可以在本级或上级机关的门户网站上滚动提醒。

（十三）因不可抗力等非申请人自身原因，申请人无法按规定提交采矿权延续申请资料的，在申请人提交能够说明原因的相关证明材料后，登记管理机关可根据实际情况延续2年，并在采矿许可证副本上注明其原因和要求。

三、完善采矿权变更、注销登记管理

（十四）申请采矿权转让变更的，受让人应具备本通知第（七）条规定的采矿权申请人条件，并承继该采矿权的权利、义务。涉及本通知第（九）条重叠情况的，受让人应按本通知第（九）条规定，提交互不影响和权益保护协议或不影响已设矿业权人权益承诺。

（十五）国有矿山企业申请办理采矿权转让变更登记的，应当持矿山企业主管部门同意转让变更采矿权的批准文件。

（十六）实行开采总量控制矿种的采矿权申请办理延续、变更的，下一级国土资源主管部门应当对开采总量控制指标分配、使用等情况提出书面意见。

（十七）有下列情形之一的采矿权不得办理转让变更登记：

1. 采矿权部分转让变更的；

2. 同一矿业权人存在重叠的矿业权单独转让变更的；

3. 采矿权处于抵押备案状态且未经抵押权人同意的；

4. 未按要求缴纳出让收益（价款）等费用，未完成矿山地质环境恢复治理义务的；

5. 采矿权被国土资源主管部门立案查处，或法院、公安、监察等机关通知不得转让变更的。

除母公司与全资子公司之间的采矿权转让变更外，以协议出让方式取得的采矿权未满 10 年不得转让变更，确需转让变更的，按协议出让采矿权要件要求及程序办理。

（十八）采矿权原则上不得分立，因开采条件变化等特殊原因确需分立的，应符合矿产资源规划等有关要求。第三类矿产的采矿权不得分立。

（十九）人民法院将采矿权拍卖或裁定给他人，受让人应当依法向登记管理机关申请变更登记。申请变更登记的受让人应当具备本通知第（七）条规定的条件，登记管理机关凭申请人提交的采矿权变更申请文件和人民法院协助执行通知书，予以办理采矿权变更登记。

（二十）申请变更主要开采矿种的，应当依据经评审备案的储量评审意见书提出申请。第三类矿产的采矿权不允许变更开采矿种。变更为国家实行开采总量控制矿种的，还应当符合国家有关宏观调控规定和开采总量控制要求，并需经专家论证通过、公示无异议。

（二十一）采矿许可证剩余有效期不足六个月，申请转让变更登记的，可以同时向登记管理机关申请办理延续登记。

（二十二）登记管理机关应及时清理过期采矿权，对采矿许可证有效期届满前未按要求申请延续登记的，由登记管理机关纳入已自行废止矿业权名单向社会公告。

采矿权在有效期内因生态保护、安全生产、公共利益、产业政策等被县级及以上人民政府决定关闭并公告的，由同级国土资源主管部门函告原登记管理机关。采矿权人应当自决定关闭矿山之日起 30 日内，向原登记管理机关申请办理采矿许可证注销登记手续。采矿权人不办理采矿许可证注销登记手续的，由登记管理机关责令限期改正；逾期不改正的，由原登记管理机关吊销采矿许可证，并根据《中华人民共和国行政许可法》第七十条规定办理采矿许可证注销手续。

四、其他有关事项

（二十三）采矿许可证遗失或损毁需要补领的，采矿权人持补领采矿许可证申请书到原登记管理机关申请补办采矿许可证。登记管理机关在其门户网站公告遗失声明满 10 个工作日后，补发新的采矿许可证，补发的采矿许可证登记内容应与原证一致，并应注明补领时间。

（二十四）申请人到登记管理机关办理登记手续的，应出具企业法人执照、法定代表人证明和本人身份证等原件，经核实无误后，方可将复印件作为申报要件；委托他人办理的，被委托人应出具企业法定代表人的书面委托书和本人身份证。

（二十五）登记管理机关接收采矿权登记申请资料后应出具回执。需要申请人补正资料的，登记管理机关应书面通知申请人限期补充或者修改。采矿权申请人应在规定的期限内提交补正的资料。

（二十六）采矿权申请人对其提供的申请材料的真实性负责；通过隐瞒有关情况、提供虚假材料或者拒绝提供反映其活动情况真实材料等不正当手段骗取采矿登记的，一经发现，依据《中华人民共和国行政许可法》等法律法规有关规定处理；构成犯罪的，移交司法机关依法追究责任。

（二十七）采矿登记中涉及矿业权出让收益的，按照《财政

部 国土资源部关于印发〈矿业权出让收益征收管理暂行办法〉的通知》（财综〔2017〕35 号）执行。

（二十八）全国审批登记颁发的采矿许可证实行统一配号。油气采矿许可证可单独编号。采矿权登记管理机关应依法加强对采矿权审批登记发证行为的监管。

（二十九）地方各级国土资源主管部门应当加强对采矿权人开采行为的监督管理，对违法违规开采行为，依法予以查处。对勘查开采信息公示中列入严重违法名单的采矿权人，依法不予登记新的采矿权。

（三十）各省（区、市）国土资源主管部门可根据实际情况，按照本通知的规定，制定具体实施办法。

本通知自印发之日起实施，有效期五年。《关于放射性矿产采矿许可证发放问题的复函》（国土资发〔1999〕262 号）、《关于矿山企业进行生产勘探有关问题的通知》（国土资发〔2002〕344 号）、《关于进一步规范采矿许可证有效期的通知》（国土资发〔2007〕95 号）、《国土资源部关于进一步完善采矿权登记管理有关问题的通知》（国土资发〔2011〕14 号）、《国土资源部办公厅关于贯彻落实采矿权转让审批权限下放有关问题的通知》（国土资厅发〔2012〕66 号）、《国土资源部关于修改〈国土资源部关于进一步完善采矿权登记管理有关问题的通知〉第十三条规定的通知》（国土资发〔2015〕65 号）、《国土资源部关于修改〈国土资源部关于进一步完善采矿权登记管理有关问题的通知〉第二十五条规定的通知》（国土资发〔2017〕29 号）同时废止。

本通知实施前已印发的其他文件中管理要求与本通知不一致的，以本通知为准。

国土资源部

二〇一七年十二月二十九日

国土资源部关于印发油气勘查实施方案及开发利用方案编写大纲的通知

（国土资规〔2016〕18号）

中国石油天然气股份有限公司、中国石油化工股份有限公司、中海石油（中国）有限公司、陕西延长石油（集团）有限责任公司、中联煤层气有限责任公司、各地方油田及有关单位：

为加强油气（包括石油、天然气、煤层气、页岩气，下同）矿业权管理，规范油气勘查实施方案和开发利用方案编写格式和内容，根据《矿产资源勘查区块登记管理办法》和《矿产资源开采登记管理办法》的有关规定，我部修改完善了《油气勘查实施方案编写大纲》和《油气开发利用方案编写大纲》（以下简称《大纲》），现印发给你们，并就有关事项通知如下：

一、自本通知发布之日起，企业申请油气探矿权或采矿权时，提交的勘查实施方案或开发利用方案，应符合《大纲》格式和内容要求，企业对方案编制依据的真实性、可靠性，方案的科学性、可行性负责。涉及国家秘密的，应标注密级。

二、登记机关对勘查实施方案或开发利用方案中确定的勘查投入、采收率、回收率、共伴生资源综合利用率等是否符合规定要求，储量、产能和开采期限是否匹配等进行审查。

三、油气勘查实施方案或开发利用方案是油气资源勘查开采监督管理的主要依据之一。矿业权人在勘查开采过程中根据实际情况对两方案进行调整的，应符合法律法规有关规定，并在年度报告中说明调整的内容和理由。

四、本通知自发布之日起施行，有效期 5 年。《国土资源部办公厅关于印发油气（含煤层气）勘查实施方案及开发利用方案编写大纲的通知》（国土资厅发〔2009〕63 号）同时废止。

附件：1. 油气勘查实施方案编写大纲（略）
2. 油气开发利用方案编写大纲（略）

国土资源部

二〇一六年十二月九日

国土资源部办公厅关于做好矿山地质环境保护与土地复垦方案编报有关工作的通知

（国土资规〔2016〕21号）

各省、自治区、直辖市国土资源主管部门，新疆生产建设兵团国土资源局：

为贯彻落实党中央、国务院关于深化行政审批制度改革的有关要求，切实减少管理环节，提高工作效率，减轻矿山企业负担，按照《土地复垦条例》《矿山地质环境保护规定》的有关规定，现就做好矿山企业矿山地质环境保护与治理恢复方案和土地复垦方案合并编报有关工作通知如下。

一、总体要求

自本通知下发之日，施行矿山企业矿山地质环境保护与治理恢复方案和土地复垦方案合并编报制度。矿山企业不再单独编制矿山地质环境保护与治理恢复方案、土地复垦方案。合并后的方案以采矿权为单位进行编制，即一个采矿权编制一个方案。方案名称为：矿业权人名称+矿山名称+矿山地质环境保护与土地复垦方案。

除采矿项目外的其他生产建设项目土地复垦方案编报审查，依照土地复垦法律法规及相关规定执行。

二、方案编制

（一）采矿权申请人在申请办理采矿许可证前，应当自行编制或委托有关机构编制矿山地质环境保护与土地复垦方案。

（二）在办理采矿权变更时，涉及扩大开采规模、扩大矿区范围、变更开采方式的，应当重新编制或修订矿山地质环境保护与土地复垦方案。

（三）在办理采矿权延续时，矿山地质环境保护与土地复垦方案超过适用期或方案剩余服务期少于采矿权延续时间的，应当重新编制或修订。矿山企业原矿山地质环境保护与治理恢复方案和土地复垦方案其中一个超过适用期的或方案剩余服务期少于采矿权延续时间的，应重新编制矿山地质环境保护与土地复垦方案。

（四）矿山地质环境保护与土地复垦方案的编制按照《矿山地质环境保护与土地复垦方案编制指南》执行。矿山企业在编制矿山地质环境保护与土地复垦方案过程中，应当充分听取相关权利人意见。

三、方案审查

（一）采矿权申请人或采矿权人编制的矿山地质环境保护与土地复垦方案，应按采矿权发证权限，报具有相应审批权的国土资源主管部门组织审查。审查费用列入部门预算，不得向矿山企业和编制单位收取费用。

（二）组织审查的国土资源主管部门应建立完善方案评审专家库，委托具有一定技术力量的事业单位或行业组织承担具体评审工作，并向社会公告。

（三）评审单位应按相关法律法规、技术规范和相关文件要求，在评审时限内，公平、公开、公正地组织评审工作。地质环境保护要重点评审矿区地面塌陷、地裂缝等地质灾害、含水层破坏、地形地貌景观破坏等内容；土地复垦要重点评审节约集约利用土地和保护耕地情况，促进损毁土地优先复垦为耕地，达到可供利用状态。

（四）有关国土资源主管部门应将评审结果向社会公示，公示期 7 个工作日。在公示期满无异议后，及时向社会公告审查结果。公示期内存在异议的，有关国土资源主管部门应当组织核实并提出处理意见。

（五）矿山企业和编制单位应对方案所引用相关数据的真实性负责，并按国家相关保密规定对社会公示文本进行相应处理。

四、监督管理

（一）矿山企业应当依据经审查通过的方案，开展矿山地质环境保护与土地复垦工作，于每年 12 月 31 日前向县级以上国土资源主管部门报告当年矿山地质环境保护与土地复垦情况。

（二）国土资源部将按照《国土资源部随机抽查事项清单》的规定，加强对经部审查的矿山地质环境保护与土地复垦方案执行情况的监督检查。

（三）地方各级国土资源主管部门要加强对方案编制审查工作的组织领导和对方案实施情况的监督管理，按照"双随机一公开"要求，督促矿山企业切实履行地质环境保护与土地复垦义务。矿山企业不复垦或者复垦不符合要求的，应当依法缴纳土地复垦费。对未按规定履行地质环境治理与土地复垦义务的矿山企业，列入矿业权人异常名录或严重违法名单，责令整改。整改不到位的，不得批准其申请新的采矿许可证或者申请采矿许可证延续、变更、注销，不得批准其申请新的建设用地。

五、其他

（一）各省（区、市）国土资源主管部门要按本通知要求，尽快出台矿山地质环境保护与治理恢复方案和土地复垦方案合并编报的办法。

（二）本通知下发之日起，《国土资源部办公厅关于做好矿山地质环境保护与治理恢复方案编制审查及有关工作的通知》（国土资厅发〔2009〕61号）同时废止。

本通知有效期为5年。

附件：矿山地质环境保护与土地复垦方案编制指南（略）

国土资源部办公厅

二〇一七年一月三日

国土资源部关于严格控制和规范
矿业权协议出让管理有关问题的通知

（国土资规〔2015〕3 号）

各省、自治区、直辖市国土资源主管部门，中国地质调查局，武警黄金指挥部，部其他直属单位：

为深入贯彻落实中央关于开展工程建设领域突出问题专项治理工作精神，坚决遏制矿业领域腐败现象易发多发势头，各级国土资源主管部门必须坚持依法依规采取招标拍卖挂牌等市场竞争方式公开出让矿业权的原则，从严控制协议出让范围，严格执行矿业权协议出让的审批权限和程序，逐步减少协议出让数量，积极推进矿业权市场建设。为此，部于 2012 年 5 月 15 日印发了《国土资源部关于严格控制和规范矿业权协议出让管理有关问题的通知》（国土资发〔2012〕80 号，以下简称80 号文）。

现按照《国务院关于取消非行政许可审批事项的决定》（国发〔2015〕27 号）关于取消"探矿权、采矿权协议出让申请审批"的相关要求，对80 号文进行修改。本通知印发后80 号文废止。

一、从严控制协议出让

（一）勘查、开采项目出资人已经确定，并经矿业权登记管理机关集体会审、属于下列五种情形之一的，准许以协议方式出让探矿权、采矿权：

1. 国务院批准的重点矿产资源开发项目和为国务院批准的重点建设项目提供配套资源的矿产地；

2. 省级人民政府批准的储量规模为大中型的矿产资源开发项目；

3. 为列入国家专项的老矿山（危机矿山）寻找接替资源的找矿项目；

4. 已设采矿权需要整合或利用原有生产系统扩大勘查开采范围的毗邻区域；

5. 已设探矿权需要整合或因整体勘查扩大勘查范围涉及周边零星资源的。

（二）协议出让探矿权、采矿权，应当符合矿产资源规划及国家相关产业政策。符合协议出让条件的，按照探矿权、采矿权审批登记权限，由登记管理机关审批登记颁发勘查许可证、采矿许可证，不再单独进行协议出让申请审批。

（三）申请以协议方式出让探矿权，原则上应提交普查以上（含普查）矿产勘查程度的资源储量报告，并按相关规定处置价款。属于下列情形之一，可先依法申请办理勘查许可证，达到普查以上（含普查）程度后再按规定进行价款处置：

1. 国家已出资勘查但未形成矿产地的区块，矿产勘查未达到普查以上（含普查）工作程度的；

2. 属低风险类矿种的探矿权人申请扩大勘查范围或者采矿权人申请在其深部、毗邻区域进行勘查，矿产勘查未达到普查以上（含普查）工作程度的。

二、严格规范协议出让

（四）符合下列两种协议出让情形的，申请人需向登记管理机关提供以下相关材料：

1. 国务院批准的重点矿产资源开发项目和为国务院批准的重点建设项目提供配套资源的矿产地，由项目出资人或者采矿权人持有关批准文件提出申请；

2. 为列入国家专项的老矿山（危机矿山）寻找接替资源的找矿项目，由采矿权人凭财政部下达的项目预算通知或者国土资源部下达的项目计划通知提出申请；

异地实施危机矿山接替资源找矿项目的，采矿权人还应提交项目所在地省级人民政府出具的批准文件或者书面意见。

（五）省级人民政府批准的储量规模为大中型的矿产资源开发项目，属国土资源部发证权限的，由申请人持省级人民政府向国土资源部提出协议出让申请的文件，向国土资源部提出申请；不属于国土资源部发证权限的，由申请人持省级人民政府同意协议出让的书面意见或相关批准文件，向登记管理机关提出申请。省级人民政府行文、同意协议出让的书面意见或相关批准文件中应明确：拟协议出让矿业权的勘查开采项目名称、受让主体、拟设勘查区块或者开采区的范围、坐标、面积、勘查程度、资源储量、开发利用情况，是否符合矿产资源规划等。

（六）已设采矿权需要整合或利用原有生产系统扩大勘查开采范围的毗邻区域，属国土资源部发证权限的，由采矿权人持省级国土资源主管部门出具的书面意见，向国土资源部提出申请；不属于国土资源部发证权限的，由采矿权人按照审批权限向登记管理机关提出申请。

（七）已设探矿权需要整合或因整体勘查扩大勘查范围涉及周边零星资源的，若所扩范围超过现有勘查区块面积 25% 以上（含），需经省级国土资源主管部门组织专家论证不宜单独另设探矿权后，由探矿权人向登记管理机关提出扩大变更申请；所扩范围不足现有勘查区块面积 25% 的，由探矿权人直接向登记管理机关提出扩大变更申请。

三、其他规定

（八）石油、天然气、煤成（层）气、页岩气和放射性矿产的探矿权、采矿权协议出让管理办法由国土资源部另行制定。

（九）《关于进一步规范矿业权出让管理的通知》（国土资发〔2006〕12号）中关于矿业权协议出让的管理规定与本通知不符的，以本通知为准。

本通知自印发之日起施行，有效期五年。

国土资源部

二〇一五年八月二十四日

国土资源部关于修改《国土资源部关于进一步完善采矿权登记管理有关问题的通知》第二十五条规定的通知

（国土资发〔2017〕29号）

各省、自治区、直辖市国土资源主管部门，新疆生产建设兵团国土资源局：

根据国务院行政审批制度改革的要求，现将《国土资源部关于进一步完善采矿权登记管理有关问题的通知》（国土资发〔2011〕14号）第二十五条修改为：申请变更主要开采矿种的，应提交相关的储量评审备案文件，并根据需要提交经审查批准的矿产资源开发利用方案、环境影响评价报告。由高风险矿种变更为低风险矿种的，还应缴纳矿业权价款；变更为国家实行开采总量控制矿种的，还应符合国家有关宏观调控的规定和开采总量控制要求，并需经专家论证通过、公示无异议。申请变更矿山名称的，应提交相关的依据性文件。采矿权人申请变更登记应在采矿许可证有效期内向登记管理机关申请。

国土资源部

二〇一七年三月十四日

国土资源部关于实行全国采矿权
统一配号的通知

(国土资发〔2008〕292号)

各省、自治区、直辖市国土资源厅（国土环境资源厅、国土资源局、国土资源和房屋管理局、规划和国土资源管理局）：

为进一步提高采矿权管理的科学化水平，完善矿业权信息系统建设，推进应用信息化手段加强矿业权管理，按照《关于加强矿业权管理信息化建设工作的道知》（国土资发〔2007〕137号）的要求，在全面实行全国探矿权统一配号的基础上，自2008年6月1日起，部确定江苏、浙江、山东和云南4省国土资源厅（四川省因遭受地震灾害，试点工作暂停，增加江苏省为试点省）开展了全国采矿权统一配号试点工作。4个试点省经过近半年的努力，采矿权统一配号试点工作取得了明显成效，截至2008年12月3日，共计统一配号采矿权1503个，工作进展顺利，为在全国实施采矿权统一配号积累了宝贵的经验。2008年11月25日至27日，部在北京专门举办了培训班，对统一配号工作进行了培训和交流。目前实施全国采矿权统一配号工作时机已经成熟，部决定，从2009年1月1日起，在全国范围内实行采矿权统一配号。现就有关事项通知如下：

一、采矿许可证号编码规则

新的采矿许可证证号在原13位的基础上调整为23位，为永久证号，编码规则如下：

C	2	3	4	5	6	7	8	9	10	11	12	13	14	15	16	17	18	19	20	21	22	23

采矿许可证统一配号代码

政区代码

发证日期六位

开采主矿类

矿种共伴生类型

采矿权取得方式

统一配号顺序号

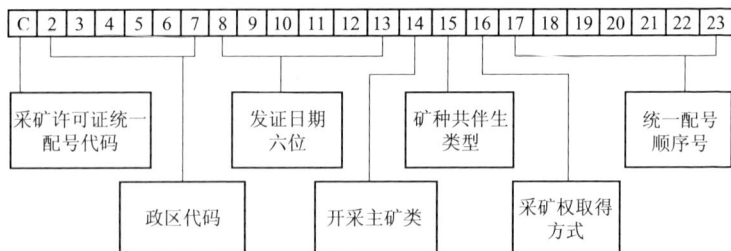

各号位定义说明：

（一）第 1 位为全国统一采矿权配号代码：C。

（二）第 2—7 位为行政区号国标代码，部代码为 100000，各级发证机关按其省（区、市）、市（地）、县（市、区）级别分别使用相应的代码。

（三）第 8—13 位为发证（首次发证或换证日期）年月：8—11 位为年，12、13 位为月。

（四）第 14 位为矿类代码（表 1）。

表 1　矿类代码分类

代码	矿类
1	能源矿产
2	黑色金属矿产
3	有色金属矿产
4	贵金属、铂族金属矿产
5	稀有稀土及分散元素矿产
6	非金属矿产
7	建材类矿产
8	水气矿产

（五）第 15 位为矿种共伴生类型：单一矿种为 1，有共伴生矿种的为 2。

（六）第 16 位为采矿权取得方式：探转采为 1、协议（含延续转有偿）为 2、招拍挂为 3（尚未进行有偿处置的采矿权取 2，并在采矿许可证副本上注明"采矿权未有偿处置"）。

（七）第 17—23 位为采矿权统一配号的顺序号。

二、配号条件

（一）数据符合规范的填写要求。

登记管理机关对采矿权申请依照法定程序审查批准后，在发证前须向配号系统提交规范填写的采矿权申请登记书内容，配号系统自动检查数据，并向数据合格的采矿权申请发送配号数据。

其中，采矿权新立项目提交数据为采矿权申请登记书全部内容；采矿权变更项目提交数据为采矿权变更申请登记书全部内容，如果为转让而发生名称变更的，还需同时提交采矿权转让申请登记书内容；采矿权延续项目提交数据为采矿权延续申请登记书全部内容；采矿权注销项目提交数据为采矿权注销申请登记书全部内容。

（二）权限符合法律法规及文件要求。

1. 发证权限

符合《矿产资源开采登记管理办法》（中华人民共和国国务院令第 241 号）和《关于规范勘查许可证采矿许可证权限有关问题的通知》（国土资发〔2005〕200 号）规定的发证权限。

市（县）级人民政府国土资源行政主管部门发证权限按照省（区、市）人民代表大会常务委员会制定的办法管理。

2. 出让方式

符合《关于进一步规范矿业权出让管理的通知》（国土资发〔2006〕12 号）规定的采矿权出让要求。

3. 其他要求

符合部按照产业政策作出的某一时期内有关的政策要求。

三、配号流程

配号操作流程如图 1 所示。各级采矿权登记管理机关操作权限的区别在于：

（一）上级登记管理机关可以查看下级登记管理机关从处理中到已公告的全部申请项目信息。

（二）下级登记管理机关可以查看（下载）上级登记管理机关在本行政区域内已公告设置的采矿权项目。

（三）省级登记管理机关依据本省的有关规定，对本辖区市、县级登记管理机关发证配号条件进行设置和管理。市县级登记管理机关的申请配号项目通过省级登记管理部门审核后，向配号系统申请配号。省级登记管理机关可实时掌控全省（区、市）已设置和正在设置的采矿权情况，实时查看本级和下级申请配号信息，实时获取部在本行政区内设置采矿权信息，实现对全省（区、市）采矿权登记信息的实时统计。

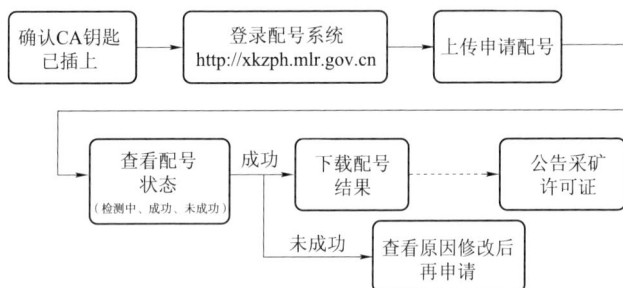

图 1　采矿权统一配号流程

四、几点说明

（一）自 2009 年 1 月 1 日起，所有采矿权新立、变更、延续等申请项目，采矿权登记管理机关在准予登记后，必须通过采矿权统一配号系统（以下简称配号系统）提交登记数据，获取统一配发的采矿许可证号。凡未通过统一配号系统配号颁发的采矿许可证视为无效。

采矿权注销申请在采矿权登记管理机关审查批准后，需通过互联网向配号系统提交采矿权注销数据。采矿许可证号为永久证号，采矿许可证注销后，证号随之废止不再启用。

（二）已取得统一配号的采矿权，在办理变更、延续等手续并经批准后，采矿登记管理机关仍须将有关登记信息上报配号系统进行确认备案。

（三）已取得统一配号的采矿权，在办理采矿权分立时，其中一个沿用原采矿许可证号，其余配发新证号；办理多个采矿权合并的，按照部、省（区、市）、市（县）发证机关的顺序取采矿许可证号作为合并后的证号，同级机关颁发的采矿许可证取登记时间在前的采矿许可证证号作为合并后的采矿许可证证号。

（四）采矿权登记管理机关在获得配号系统配发的采矿许可证证号后，应及时进行确认和公告。30天内未确认和公告的配号，系统将自动进行公告。

（五）各省（区、市）可通过配号系统实时查询、下载国土资源部在本省（区、市）区域内设置的采矿权基本信息。

（六）为尽快推进全国采矿许可证号的统一，要求在2009年底前完成对所有采矿许可证号的更新工作。更新程序按照采矿权管理信息系统中采矿权变更登记操作，变更内容为"采矿权统一配号"。各省级采矿登记管理机关要组织好对本省（区、市）辖区内采矿许可证证号的更新工作，简化更新程序，原则上采矿权人凭原采矿许可证原件即可即时办理更新证号手续。

（七）采矿权统一配号系统的网址是：http://xkz-ph. mlr. gov. cn。

五、相关工作要求

（一）各省（区、市）于 2008 年 12 月底前，提交核实整理后的全省（区、市）采矿权登记数据库，作为实施采矿权统一配号的底数。具体要求见《关于加强矿业权管理信息化建设工作的通知》（国土资发〔2007〕137 号）和《关于矿业权数据核实整理工作有关问题的通知》（国土资厅发〔2007〕169 号）。

（二）省级国土资源管理部门信息中心负责对本省（区、市）各级登记管理机关统一配号的应用技术支持。

（三）使用自主开发采矿权审批系统的，按照统一配号要求自行完成系统改造。

实行采矿权统一配号工作涉及面广，情况复杂，各省（区、市）国土资源主管部门要高度重视，认真组织实施。工作中遇到问题及时报部。

国土资源部

二〇〇八年十二月十九日

国土资源部关于加强煤炭和煤层气资源综合勘查开采管理的通知

（国土资发〔2007〕96号）

各省、自治区、直辖市国土资源厅（国土环境资源厅、国土资源局、国土资源和房屋管理局、房屋土地资源管理局）：

为了加强煤炭和煤层气资源综合勘查、开采管理，有效解决煤炭、煤层气矿业权重叠问题，促进煤炭和煤层气资源综合开发利用，根据《中华人民共和国矿产资源法》及其配套法规和《国务院办公厅关于加快煤层气（煤矿瓦斯）抽采利用的若干意见》（国办发〔2006〕47号），现就有关事项通知如下：

一、支持和鼓励煤炭矿业权人综合勘查开采煤层气资源

（一）投资人申请煤炭探矿权，应提交煤炭和煤层气综合勘查实施方案。国土资源管理部门设置煤炭探矿权，应对煤炭和煤层气综合勘查实施方案进行严格审查。煤炭探矿权人在依法取得煤炭勘查许可证后，应对勘查区块范围内的煤炭和煤层气进行综合勘查。

（二）煤炭探矿权人完成勘查工作，应提交综合勘查报告，并按规定的程序进行储量评审（估）、备案，符合下列情形之一的，探矿权人可直接申请煤炭采矿权：

1. 采用露天开采方式采煤的；

2. 采用井工开采，煤层中吨煤瓦斯含量低于国家规定标准的；

3. 采用井工开采，煤层中吨煤瓦斯含量高于国家规定标准但不具备规模化地面抽采和开发利用条件的。

对于上述情形，凡煤层气资源可综合回收利用的，应在煤炭资源开发利用方案中予以综合考虑，实现煤炭和煤层气资源的综合开发与合理利用。

（三）经勘查，煤层中吨煤瓦斯含量高于国家规定标准的大、中型煤炭矿产地，在进行小井网抽采煤层气试验的基础上，提交煤炭和煤层气综合勘查报告，并按规定的程序进行储量评审（估）、备案。具备规模化地面抽采条件的，煤炭探矿权人应按照"先采气，后采煤"的原则，统一编制煤炭和煤层气开发利用方案，依法向国土资源部申请煤层气采矿权，并申请划定煤炭采矿权矿区范围。

（四）经地面抽采，残留煤层气降至国家规定标准以下的开采范围，原煤炭矿业权人可依据煤炭和煤层气综合开发利用方案及划定的矿区范围提出煤炭采矿权申请，按法定程序领取采矿许可证，并申请注销原煤层气采矿权。

二、进一步加强煤层气矿业权管理

（五）国土资源部根据国家矿产资源规划，综合考虑煤层气、煤炭资源赋存状况和煤炭矿业权设置方案，在煤层气富集地区，划定并公告特定的煤层气勘查、开采区域。煤层气勘查、开采结束前，不设置煤炭矿业权。

（六）国土资源部主要采用招标方式出让煤层气探矿权，按照投标企业的资质、业绩和勘查实施方案等情况，依法择优确定探矿权人。

（七）煤层气探矿权人不得以勘查煤层气的名义开采煤炭及其他矿产资源。在煤层气勘查、采矿许可证有效期内，国土资源管理部门不在其区块范围内设置新的矿业权，但对地表开采砂石等情况，当事人与煤层气矿业权人双方签订了安全生产协议的除外。

（八）煤层气探矿权人应对勘查区块范围内的煤炭资源进行综合勘查、评价，并对煤层气资源进行小井网抽采试验，提交煤层气和煤炭综合勘查报告，按规定的程序进行储量评审（估）、备案。

（九）具备规模化地面抽采条件的，煤层气探矿权人应按照兼顾后续煤炭开采的原则，选择适当的生产工艺流程，合理编制煤层气开发利用方案，依法向国土资源部申请煤层气采矿权。

（十）经论证，不具备规模化地面抽采条件或经地面抽采后煤层气含量降至国家规定标准以下的区块，煤层气矿业权人应及时到国土资源部办理煤层气矿业权区块注销手续，按有关法规规定汇交地质资料，同时递交综合勘查煤炭投入的报告。

国土资源管理部门应采用竞争方式依法有偿出让煤层气退出区块的煤炭矿业权。原煤层气矿业权人可参与竞标，在同等条件下优先。竞得煤炭矿业权的申请人，在按规定向国家缴纳煤炭矿业权价款的同时，还需向原煤层气矿业权人支付其综合勘查煤炭投入的补偿。国土资源管理部门依法办理煤炭矿业权登记手续。

三、妥善解决煤炭、煤层气矿业权重叠问题

（十一）新设立的煤炭探矿权、采矿权不得进入国家公告的特定煤层气勘查、开采区域。

（十二）各省级国土资源管理部门要按照本通知及有关法律法规的要求，迅速组织对本辖区内煤层气探矿权进行一次全面检查，并于今年7月底前将检查情况向国土资源部报告。未达到最低勘查投入的，由国土资源部依法缩减勘查区块面积或不予延续。情节严重的，依法吊销勘查许可证。

（十三）本通知下发前已取得煤炭、煤层气探矿权或采矿权

的矿业权人，应按本通知要求做好以下工作：

1. 已依法取得煤炭或煤层气勘查许可证的探矿权人，应对勘查区块范围内的煤层气或煤炭资源进行综合勘查、评价，提交煤层气和煤炭综合勘查报告，并按有关程序进行储量评审（估）、备案。

2. 已依法取得煤炭采矿许可证的采矿权人，在本矿区范围内以地面抽采方式开采煤层气的，应依法补办煤层气采矿许可证；进行井下煤层气回收利用的，不再另行办理煤层气采矿许可证，但应切实采取措施，不断提高煤层气回收利用水平。

（十四）在本通知下发前，煤炭、煤层气企业已经以协议方式，在相同区块范围分别持煤炭、煤层气勘查许可证或采矿许可证进行煤炭、煤层气勘查开采的，双方应严格遵守协议，加强合作，实现煤炭、煤层气资源的综合勘查、评价和回收利用。

（十五）在本通知下发前，煤炭和煤层气探矿权、采矿权发生重叠且未签订协议的，由双方协商开展合作或签订安全生产协议，按照"先采气，后采煤"的原则，对煤炭、煤层气进行综合勘查、开采。

本通知下发后 6 个月内，双方无法签订合作协议的，国土资源管理部门按照有关规定和勘查开采实物工作量已投入等情况进行调解。同意调解的，扣除重叠部分的区块，并由当事人一方对被扣除区块一方已投入部分进行补偿。调解不成的，由国土资源管理部门依据《国务院办公厅转发国土资源部等部门对矿产资源开发进行整合意见的通知》（国办发〔2006〕108 号）精神，按照采煤采气一体化、采气采煤相互兼顾的原则，支持煤炭国家规划矿区内的煤炭生产企业综合勘查开采煤层气资源。

（十六）本通知下发之日起 6 个月以后提交的不符合本通知要求的煤炭或煤层气勘查报告，国土资源管理部门对其矿产资源储量不予评审（估）、备案。

（十七）从事煤炭和煤层气勘查、开采的矿业权人，应按照勘查实施方案和开发利用方案开展工作，履行法定义务，报送勘查、开采年度报告；开展井下回收利用煤层气的，应在向国土资源管理部门报送煤炭开采利用情况年度报告的同时，将煤层气回收利用情况一并报告，并接受监督检查。

（十八）本通知自下发之日起施行。

国土资源部

二〇〇七年四月十七日

国土资源部关于实行全国探矿权
统一配号的通知

（国土资发〔2007〕294号）

各省、自治区、直辖市国土资源厅（国土环境资源厅、国土资源局、国土资源和房屋管理局、房屋土地资源管理局）：

为进一步提高探矿权管理的科学化水平，完善矿业权信息系统建设，更好地应用信息化手段推进矿业权管理，按照《关于加强矿业权管理信息化建设工作的通知》（国土资发〔2007〕137号）要求，经研究决定，从2008年1月1日起在全国范围内实行探矿权统一配号。现就有关事项通知如下：

一、勘查许可证证号编码原则。新的勘查许可证证号在原13位的基础上调整为18位，为永久证号。各号位的定义为：

（一）第1位为全国统一配号代码：T。

（二）第2、3位为发证机关代码。部为01；各省（区、市）发证机关代码取中华人民共和国行政区划代码的前两位。

（三）第4位为出让方式：申请在先为1、招标为2、拍卖为3、挂牌为4、协议为5。

（四）第5—10位为发证的年月。如2007年5月5日即取200705。

（五）第11—12位为勘查矿种分类。能源矿产为01、金属矿产为02、非金属矿产为03、水气矿产为04。

（六）第13—18位为探矿权统一配号的顺序号。如第1号为000001，第500号为000500。

二、地质调查证证号编码原则。新的地质调查证证号与勘查许可证证号位数相同，各号位的定义为：

（一）第 1 位为全国统一配号代码：D。

（二）第 2、3 位为发证机关代码。部为 01；各省（区、市）发证机关代码取中华人民共和国行政区划代码的前两位。

（三）第 4 位为 0。

（四）第 5—10 位为发证的年月。如 2007 年 5 月 5 日即取 200705。

（五）第 11—12 位为 00。

（六）第 13—18 位为地质调查统一配号的顺序号。

三、自 2008 年 1 月 1 日起，所有探矿权新立、变更、延续、保留及地质调查等申请项目，探矿权登记管理机关在准予登记后，通过互联网向全国探矿权统一配号系统（以下简称配号系统）提交登记数据，获取系统统一配发的勘查许可证证号。

探矿权注销申请，探矿权登记管理机关在审查批准后，通过互联网向配号系统提交探矿权注销备案数据。

四、实行全国统一配号后的探矿权，在办理变更、延续、保留等手续时，仍须将批准登记的相关信息上报配号系统，经配号系统确认后再颁发勘查许可证。

五、实行全国统一配号后的探矿权，在办理探矿权分立时，其中一个沿用原勘查许可证证号，其余配发新证号；多个探矿权合并为一个探矿权的，首次设立时间在前的探矿权的勘查许可证证号作为合并后的勘查许可证证号。

六、探矿权登记管理机关在获得配号系统配发的勘查许可证证号后，应及时进行确认和公告。30 天后未确认和公告的，配号系统将自动进行公告。国土资源部门户网站将适时开通全国探矿权社会查询与验证服务，动态发布全国探矿权设置情况公告。探矿权公告的内容主要包括勘查许可证证号、勘查项目名称、探矿权人、勘查单位、勘查矿种、有效期、区域坐标、勘查总面积、地理位置、发证机关等。经一段时间运行之后，部将发文公告，凡国土资源部门户网站无法查询的勘查许可证，除涉密情况外，一律视为无效勘查许可证。

七、全国探矿权统一配号系统的网址是 http：//xkzph. mlr. gov. cn，统一配号工作时间为每个工作日的 8：00 至 17：00。配号系统在此工作时间内统一配发勘查许可证号。提交配号申请、查询下载配号结果等不受工作时间影响。

八、各省（区、市）可通过配号系统实时查询、下载国土资源部在本省（区、市）区域内设置的探矿权基本信息。

九、全国探矿权统一配号系统将视各省（区、市）的准备工作情况分别开通，各省（区、市）在确认探矿权数据核实整理后的数据正确、网络连通以及相关系统部署全部完成后，电告部信息中心予以开通。

十、凡 2008 年 1 月 1 日以后批准登记的探矿权，未经全国配号系统配发统一勘查许可证证号（石油、天然气、煤层气矿种除外）的，该探矿权为无效探矿权，由此产生的相关法律、经济责任由相关的发证机关承担，同时将追究相关承办人员和领导的行政责任。

十一、已有探矿权登记数据是开展全国探矿权统一配号管理工作的重要基础，也是提供社会服务的基本内容，各省（区、市）于 2008 年 1 月 15 日前将核实整理后的最新完整探矿权数据库刻成光盘，通过邮政快递报部信息中心。

十二、为做好全国探矿权统一配号的准备工作，定于 2007 年 12 月下旬开展配号系统相关应用培训。培训内容包括配号系统操作培训、配发的探矿权管理信息系统软件培训、数据交换技术要求说明等。各省（区、市）应根据矿业权信息化建设实际情况，尽快安排探矿权管理信息系统改造工作。

全国探矿权统一配号工作是探矿权管理工作的一项重大改革，各省（区、市）国土资源主管部门要高度重视，加强组织领导与协调，做好配号系统应用准备、网络连接、软硬件建设等技术支持工作，确保全国探矿权统一配号工作平稳进行。

联系人：杜希庆（部开发司）

电话：010-66558579

电子信箱：xqdu@ mail. mlr. gov. cn

曾建鹰（部信息中心）

电话：010-66558761

电子信箱：jyzeng@ infomail. mlr. gov. cn

国土资源部

二〇〇七年十二月十一日

国土资源部关于进一步规范
矿业权出让管理的通知

（国土资发〔2006〕12 号）

各省、自治区、直辖市国土资源厅（国土环境资源厅、国土资源局、国土资源和房屋管理局、房屋土地资源管理局），新疆生产建设兵团国土资源局：

2003 年部下发《探矿权采矿权招标拍卖挂牌管理办法（试行）》（国土资发〔2003〕197 号）以来，全国矿业权市场建设取得了积极进展。依据矿产资源法律法规，按照《国务院关于全面整顿和规范矿产资源开发秩序的通知》（国发〔2005〕28 号）的要求，为了进一步规范矿业权出让管理，现就完善探矿权采矿权招标拍卖挂牌管理办法的有关事项补充通知如下。

一、矿业权的分类及出让方式

按照颁发勘查许可证、采矿许可证的法定权限，矿业权出让由县级以上人民政府国土资源主管部门负责，依法办理。

（一）属于《矿产勘查开采分类目录》（以下简称《分类目录》，见附件）规定的第一类矿产的勘查，并在矿产勘查工作空白区或虽进行过矿产勘查但未获可供进一步勘查矿产地的区域内，以申请在先即先申请者先依法登记的方式出让探矿权。

（二）属于下列情形的，以招标拍卖挂牌方式出让探矿权：

1. 《分类目录》规定的第二类矿产；

2. 《分类目录》规定的第一类矿产，已进行过矿产勘查工作并获可供进一步勘查的矿产地或以往采矿活动显示存在可供进一步勘查的矿产地。

（三）属于下列情形的，不再设探矿权，而以招标拍卖挂牌方式直接出让采矿权：

1. 《分类目录》规定的第三类矿产；

2. 《分类目录》规定的第一类、第二类矿产，探矿权灭失、但矿产勘查工作程度已经达到详查（含）以上程度并符合开采设计要求的矿产地；

3. 《分类目录》规定的第一类、第二类矿产，采矿权灭失或以往有过采矿活动，经核实存在可供开采矿产储量或有经济价值矿产资源的矿产地。

（四）石油、天然气、煤成（层）气、铀、钍矿产资源的勘查开采，按照现行规定进行管理并逐步完善。

（五）以招标拍卖挂牌方式出让探矿权采矿权有下列情形之一的，经批准允许以协议方式出让：

1. 国务院批准的重点矿产资源开发项目和为国务院批准的重点建设项目提供配套资源的矿产地；

2. 已设采矿权需要整合或利用原有生产系统扩大勘查开采范围的毗邻区域；

3. 经省（区、市）人民政府同意，并正式行文报国土资源部批准的大型矿产资源开发项目；

4. 国家出资为危机矿山寻找接替资源的找矿项目。

协议出让探矿权采矿权，必须通过集体会审，从严掌握。协议出让的探矿权采矿权价款不得低于类似条件下的市场价。

（六）有下列情形之一的，应以招标的方式出让探矿权采矿权：

1. 根据法律法规、国家政策规定可以新设探矿权采矿权的环境敏感地区和未达到国家规定的环境质量标准的地区；

2. 共伴生组分多、综合开发利用技术水平要求高的矿产地；

3. 矿产资源规划规定的其他情形。

二、其他规定

（一）探矿权人申请其勘查区块范围内的采矿权，符合规定的，应依法予以批准，切实保护探矿权人的合法权益。

（二）国土资源主管部门在受理矿业权申请时，如果对同一区域同时出现探矿权申请和采矿权申请，经审查符合采矿权设置条件的，应依照本通知的规定设置采矿权。

（三）各省（区、市）国土资源主管部门要对本行政区内已开展过矿产勘查或采矿活动、不再符合本通知中规定的以申请在先方式出让探矿权的矿产地进行清理、公告，报国土资源部备案。

（四）各省（区、市）国土资源主管部门可结合本地区情况，根据当地矿产勘查的深度、地质构造条件等因素，对矿业权出让方式作适当调整，制定具体管理办法，并报部备案。其他特殊情况需要另作专门规定的，报国土资源部批准后执行。

（五）原《探矿权采矿权招标拍卖挂牌管理办法（试行）》中第七条、第八条、第九条规定的内容，以本通知的规定为准。各省（区、市）国土资源主管部门要按照本通知规定的要求，对以往各种相关规定进行全面清理。

附件：矿产勘查开采分类目录

国土资源部

二〇〇六年一月二十四日

附件

矿产勘查开采分类目录

一、可按申请在先方式出让探矿权类矿产（第一类）

地热（火成岩、变质岩区构造裂隙型）；锰、铬、钒、钛；铜、铅、锌、铝土矿、镍、钴、钨、锡、铋、钼、汞、锑、镁；铂、钯、钌、锇、铱、铑；金、银；铌、钽、铍、锂、锆、锶、铷、铯；镧、铈、镨、钕、钐、铕、钇、钆、铽、镝、钬、铒、铥、镱、镥；钪、锗、镓、铟、铊、铪、铼、镉、硒、碲；金刚石、自然硫、硫铁矿、钾盐、蓝晶石、石棉、蓝石棉、石榴子石、蛭石、沸石、重晶石、方解石、冰洲石、萤石、宝石、玉石；地下水（火成岩、变质岩区构造裂隙型）、二氧化碳气、硫化氢气、氦气、氡气。

二、可按招标拍卖挂牌方式出让探矿权类矿产（第二类）

煤炭、石煤、油页岩、油砂、天然沥青、地热（沉积地层型）；铁、石墨、磷、硼、水晶、刚玉、硅线石、红柱石、硅灰石、钠硝石、滑石、云母、长石、叶蜡石、透辉石、透闪石、明矾石、芒硝（含钙芒硝）、石膏（含硬石膏）、毒重石、天然碱、菱镁矿、黄玉、电气石、玛瑙、颜料矿物、石灰岩（其他）、泥灰岩、白垩、含钾岩石、白云岩、石英岩、砂岩（其他）、天然石英砂（其他）、脉石英、粉石英、天然油石、含钾砂页岩、硅藻土、页岩（其他）、高岭土、陶瓷土、耐火黏土、凹凸棒石黏土、海泡石黏土、伊利石黏土、累托石黏土、膨润土、铁矾土、其他黏土、橄榄岩、蛇纹岩、玄武岩、辉绿岩、安山岩、闪长岩、花岗岩、麦饭石、珍珠岩、黑曜岩、松脂岩、浮石、粗面岩、霞石正长岩、凝灰岩、火山灰、火山渣、大理岩、板岩、片麻岩、角闪岩、泥炭、矿盐（湖盐、岩盐、天然卤水）、镁盐、碘、溴、砷；地下水（沉积地层型）、矿泉水。

三、可按招标拍卖挂牌方式出让采矿权类矿产（第三类）

石灰岩（建筑石料用）、砂岩（砖瓦用）、天然石英砂（建筑、砖瓦用）、黏土（砖瓦用）、页岩（砖瓦用）。

国土资源部关于规范勘查许可证
采矿许可证权限有关问题的通知

（国土资发〔2005〕200号）

各省、自治区、直辖市国土资源厅（国土环境资源厅、国土资源和房屋管理局、房屋土地资源管理局、规划和国土资源局）：

按照《国务院关于全面整顿和规范矿产资源开发秩序的通知》（国发〔2005〕28号）有关国土资源部要严格按照法律法规的规定，对以往的各种授权进行清理并重新进行授权的要求，根据《中华人民共和国矿产资源法》《矿产资源勘查区块登记管理办法》《矿产资源开采登记管理办法》规定，为进一步规范探矿权、采矿权登记审批管理，严格按规划和法定的权限出让探矿权、采矿权，现对国务院国土资源主管部门和授权省级人民政府国土资源主管部门审批登记颁发勘查许可证、采矿许可证权限通知如下：

一、勘查登记

（一）石油、烃类天然气、煤成（层）气、放射性矿产勘查，由国土资源部颁发勘查许可证。

（二）煤炭勘查区块面积大于30平方千米（含）的勘查项目，由国土资源部颁发勘查许可证，其余授权省级人民政府国土资源主管部门颁发勘查许可证。

（三）钨、锡、锑、稀土矿产勘查投资大于500万元人民币（含），或勘查区块面积大于15平方千米（含）的勘查项目，由国土资源部颁发勘查许可证，其余授权省级人民政府国土资源主管部门颁发勘查许可证。

（四）油页岩、金、银、铂、锰、铬、钴、铁、铜、铅、锌、铝、镍、钼、磷、钾、锶、铌、钽矿产勘查投资大于 500 万元人民币（含）的勘查项目，由国土资源部颁发勘查许可证，其余授权省级人民政府国土资源主管部门颁发勘查许可证。

（五）二氧化碳气、地热、硫、金刚石、石棉、矿泉水矿产勘查，授权省级人民政府国土资源主管部门颁发勘查许可证。

（六）海域（含内水）、跨省、自治区、直辖市的矿产勘查，由国土资源部颁发勘查许可证。

（七）外商投资勘查矿产资源，应符合外商投资产业指导目录的有关规定，按照本通知对内资勘查规定的发证权限颁发勘查许可证。

二、采矿登记

（八）石油、烃类天然气、煤成（层）气、放射性矿产由国土资源部颁发采矿许可证。

（九）煤［煤井田储量 1 亿吨（含）以上，其中焦煤井田储量 5000 万吨（含）以上］、油页岩矿床储量规模为大型（含）以上的，由国土资源部颁发采矿许可证，其余授权省级人民政府国土资源主管部门颁发采矿许可证。

（十）钨、锡、锑、稀土矿床储量规模为中型（含）以上的，由国土资源部颁发采矿许可证，其余授权省级人民政府国土资源主管部门颁发采矿许可证。

（十一）金、银、铂、锰、铬、钴、铁、铜、铅、锌、铝、镍、钼、磷、钾、锶、金刚石、铌、钽矿床储量规模为大型（含）以上的，由国土资源部颁发采矿许可证，其余授权省级人民政府国土资源主管部门颁发采矿许可证。

（十二）二氧化碳气、地热、硫、石棉、矿泉水的开采，授权省级人民政府国土资源主管部门颁发采矿许可证。

（十三）海域（含内水）、跨省、自治区、直辖市开采矿产资源的，由国土资源部颁发采矿许可证。

（十四）外商投资开采矿产资源，应符合外商投资产业指导目录的有关规定，按照本通知对内资企业发证的权限颁发采矿许可证。

三、有关要求

（十五）对国家规划矿区和对国民经济具有重要价值矿区，由国土资源部批准其矿业权设置方案后，审批权限按本通知的规定办理。

（十六）在此之前省级人民政府国土资源主管部门已经颁发的勘查许可证、采矿许可证，凡与本通知规定不符的，在办理延续、转让、变更时，由省级人民政府国土资源主管部门提出意见后，将审批登记资料报部办理。

（十七）省级人民政府国土资源主管部门对国土资源部授权其审批登记颁发的勘查许可证、采矿许可证的权限不得再行授权。

（十八）各省（区、市）人民政府国土资源主管部门要严格按照法律法规和本通知的授权范围审批登记颁发勘查许可证、采矿许可证。严禁越权发证；严禁新设探矿权勘查程度低于原有工作程度；严禁将大中型储量规模的矿产地化大为小，分割出让。对违法违规颁发勘查许可证、采矿许可证的行为，要依法追究发证机关及直接责任人的责任。对省级人民政府国土资源主管部门越权颁发勘查许可证或采矿许可证、国土资源部责令限期纠正而又逾期不纠正的，国土资源部将直接予以撤销。对一年内越权发证两次以上的，国土资源部将停止对该矿种的授权。

（十九）部受理探矿权、采矿权申请前，向省级人民政府国土资源主管部门发送探矿权、采矿权受理调查函。省级人民政府国土资源主管部门应在二十个工作日内回复调查意见，凡不按规定的时间和内容回复意见，且无正当理由的，国土资源部将停止对该矿种的授权。

（二十）省级人民政府国土资源主管部门应在每月 3 日前将上月份本省区范围内的勘查许可证采矿许可证发证名录及范围报国土资源部。

（二十一）本通知所指矿床储量系指《固体矿产资源/储量分类》（GB/T 17766—1999）中编码为 333 以上的资源量和基础储量总和。

（二十二）本通知自发布之日起实行，以往授权与本通知不一致的，一律以本通知规定为准。

国土资源部

二〇〇五年九月三十日

国土资源部关于调整部分矿种矿山生产建设规模标准的通知

（国土资发〔2004〕208号）

各省、自治区、直辖市国土资源厅（国土环境资源厅、房屋土地资源管理局、规划和国土资源局），计划单列市国土资源行政主管部门，解放军土地管理局、新疆生产建设兵团国土资源局：

为进一步搞好矿产资源的开发管理，设立科学合理的矿山企业生产建设规模标准，促进企业实行与资源储量规模相适应的开采规模，按照《矿产资源开采登记管理办法》的有关规定，决定对我国矿山建设生产规模分类进行调整。现将调整后的《矿山生产建设规模分类一览表》下发给你们，请在工作中遵照执行。

表中未列矿种的生产建设规模分类参照同行业相近用途的矿种划分。在此之前已办理采矿许可证的，在2004年的年检中按此规定统计，生产规模在小型矿山生产建设规模上限十分之一以下的，按小矿统计，采矿权人在原发证机关办理开采规模变更手续。

新建矿山应达到最低生产建设规模要求，最低生产建设规模与省级规划最低开采规模不一致的，可以按当地规划要求执行。

原地质矿产部《关于下发〈矿山建设规模分类一览表〉的通知》（地发〔1998〕47号）废止。

附件：矿山生产建设规模分类一览表（略）

国土资源部

二〇〇四年九月三十日

国土资源部关于印发《探矿权采矿权招标拍卖挂牌管理办法（试行）》的通知

（国土资发〔2003〕197号）

各省、自治区、直辖市国土资源厅（国土环境资源厅、国土资源和房屋管理局、房屋土地资源管理局、规划和国土资源局），计划单列市国土资源行政主管部门，新疆生产建设兵团国土资源局：

　　《探矿权采矿权招标拍卖挂牌管理办法（试行）》，已经国土资源部第6次部务会议审议通过，现印发给你们，请遵照执行。

　　各地要依照本办法的规定，结合当地矿产资源市场建设的实际情况，按照党中央、国务院关于深化国土资源有偿使用制度改革，充分发挥市场对国土资源优化配置的基础性作用的要求，积极稳妥地推进探矿权采矿权招标拍卖挂牌工作。

　　各地在执行本办法中遇到的问题和意见，请及时报部。

国土资源部

二〇〇三年六月十一日

探矿权采矿权招标拍卖挂牌管理办法（试行）

第一章　总　则

第一条　为完善探矿权采矿权有偿取得制度，规范探矿权采矿权招标拍卖挂牌活动，维护国家对矿产资源的所有权，保护探矿权人、采矿权人合法权益，根据《中华人民共和国矿产资源法》《矿产资源勘查区块登记管理办法》和《矿产资源开采登记管理办法》，制定本办法。

第二条　探矿权采矿权招标拍卖挂牌活动，按照颁发勘查许可证、采矿许可证的法定权限，由县级以上人民政府国土资源行政主管部门（以下简称主管部门）负责组织实施。

第三条　本办法所称探矿权采矿权招标，是指主管部门发布招标公告，邀请特定或者不特定的投标人参加投标，根据投标结果确定探矿权采矿权中标人的活动。

本办法所称探矿权采矿权拍卖，是指主管部门发布拍卖公告，由竞买人在指定的时间、地点进行公开竞价，根据出价结果确定探矿权采矿权竞得人的活动。

本办法所称探矿权采矿权挂牌，是指主管部门发布挂牌公告，在挂牌公告规定的期限和场所接受竞买人的报价申请并更新挂牌价格，根据挂牌期限截止时的出价结果确定探矿权采矿权竞得人的活动。

第四条　探矿权采矿权招标拍卖挂牌活动，应当遵循公开、公平、公正和诚实信用的原则。

第五条　国土资源部负责全国探矿权采矿权招标拍卖挂牌活动的监督管理。

上级主管部门负责监督下级主管部门的探矿权采矿权招标拍卖挂牌活动。

第六条　主管部门工作人员在探矿权采矿权招标拍卖挂牌活动中玩忽职守、滥用职权、徇私舞弊的，依法给予行政处分。

第二章　范　　围

第七条　新设探矿权有下列情形之一的，主管部门应当以招标拍卖挂牌的方式授予：

（一）国家出资勘查并已探明可供进一步勘查的矿产地；

（二）探矿权灭失的矿产地；

（三）国家和省两级矿产资源勘查专项规划划定的勘查区块；

（四）主管部门规定的其他情形。

第八条　新设采矿权有下列情形之一的，主管部门应当以招标拍卖挂牌的方式授予：

（一）国家出资勘查并已探明可供开采的矿产地；

（二）采矿权灭失的矿产地；

（三）探矿权灭失的可供开采的矿产地；

（四）主管部门规定无须勘查即可直接开采的矿产；

（五）国土资源部、省级主管部门规定的其他情形。

第九条　符合本办法第七条、第八条规定的范围，有下列情形之一的，主管部门应当以招标的方式授予探矿权采矿权：

（一）国家出资的勘查项目；

（二）矿产资源储量规模为大型的能源、金属矿产地；

（三）共伴生组分多、综合利用技术水平要求高的矿产地；

（四）对国民经济具有重要价值的矿区；

（五）根据法律法规、国家政策规定可以新设探矿权采矿权的环境敏感地区和未达到国家规定的环境质量标准的地区。

第十条　有下列情形之一的，主管部门不得以招标拍卖挂牌的方式授予：

（一）探矿权人依法申请其勘查区块范围内的采矿权；

（二）符合矿产资源规划或者矿区总体规划的矿山企业的接续矿区、已设采矿权的矿区范围上下部需要统一开采的区域；

（三）为国家重点基础设施建设项目提供建筑用矿产；

（四）探矿权采矿权权属有争议；

（五）法律法规另有规定以及主管部门规定因特殊情形不适于以招标拍卖挂牌方式授予的。

第十一条 违反本办法第七条、第八条、第九条和第十条的规定授予探矿权采矿权的,由上级主管部门责令限期改正;逾期不改正的,对直接负责的主管人员和其他直接责任人员依法给予行政处分。

第三章 实 施

第一节 一般规定

第十二条 探矿权采矿权招标拍卖挂牌活动,应当有计划地进行。

主管部门应当根据矿产资源规划、矿产资源勘查专项规划、矿区总体规划、国家产业政策以及市场供需情况,按照颁发勘查许可证、采矿许可证的法定权限,编制探矿权采矿权招标拍卖挂牌年度计划,报上级主管部门备案。

第十三条 上级主管部门可以委托下级主管部门组织探矿权采矿权招标拍卖挂牌的具体工作,勘查许可证、采矿许可证由委托机关审核颁发。

受委托的主管部门不得再委托下级主管部门组织探矿权采矿权招标拍卖挂牌的具体工作。

第十四条 主管部门应当根据探矿权采矿权招标拍卖挂牌年度计划和《外商投资产业指导目录》,编制招标拍卖挂牌方案;招标拍卖挂牌方案,县级以上地方主管部门可以根据实际情况报同级人民政府组织审定。

第十五条 主管部门应当根据招标拍卖挂牌方案,编制招标拍卖挂牌文件。

招标拍卖挂牌文件,应当包括招标拍卖挂牌公告、标书、竞买申请书、报价单、矿产地的地质报告、矿产资源开发利用和矿山环境保护要求、成交确认书等。

第十六条 招标标底、拍卖挂牌底价,由主管部门依规定委托有探矿权采矿权评估资质的评估机构或者采取询价、类比等方式进行评估，并根据评估结果和国家产业政策等综合因素集体决定。

在招标拍卖挂牌活动结束之前，招标标底、拍卖挂牌底价须保密，且不得变更。

第十七条 招标拍卖挂牌公告应当包括下列内容：

（一）主管部门的名称和地址；

（二）拟招标拍卖挂牌的勘查区块、开采矿区的简要情况；

（三）申请探矿权采矿权的资质条件以及取得投标人、竞买人资格的要求；

（四）获取招标拍卖挂牌文件的办法；

（五）招标拍卖挂牌的时间、地点；

（六）投标或者竞价方式；

（七）确定中标人或者竞得人的标准和方法；

（八）投标、竞买保证金及其缴纳方式和处置方式；

（九）其他需要公告的事项。

第十八条 主管部门应当依规定对投标人、竞买人进行资格审查。对符合资质条件和资格要求的，应当通知投标人、竞买人参加招标拍卖挂牌活动以及缴纳投标、竞买保证金的时间和地点。

第十九条 投标人、竞买人按照通知要求的时间和地点缴纳投标、竞买保证金后，方可参加探矿权采矿权招标拍卖挂牌活动；逾期未缴纳的，视为放弃。

第二十条 以招标拍卖挂牌方式确定中标人、竞得人后，主管部门应当与中标人、竞得人签订成交确认书。中标人、竞得人逾期不签订的，中标、竞得结果无效，所缴纳的投标、竞买保证金不予退还。

成交确认书应当包括下列内容：

（一）主管部门和中标人、竞得人的名称、地址；

（二）成交时间、地点；

（三）中标、竞得的勘查区块、开采矿区的简要情况；

（四）探矿权采矿权价款；

（五）探矿权采矿权价款的缴纳时间、方式；

（六）矿产资源开发利用和矿山环境保护要求；

（七）办理登记时间；

（八）主管部门和中标人、竞得人约定的其他事项。

成交确认书具有合同效力。

第二十一条　主管部门应当在颁发勘查许可证、采矿许可证前一次性收取探矿权采矿权价款。探矿权采矿权价款数额较大的，经上级主管部门同意可以分期收取。

探矿权采矿权价款的使用和管理按照有关规定执行。

第二十二条　中标人、竞得人缴纳的投标、竞买保证金，可以抵作价款。其他投标人、竞买人缴纳的投标、竞买保证金，主管部门须在招标拍卖挂牌活动结束后 5 个工作日内予以退还，不计利息。

第二十三条　招标拍卖挂牌活动结束后，主管部门应当在 10 个工作日内将中标、竞得结果在指定的场所、媒介公布。

第二十四条　中标人、竞得人提供虚假文件隐瞒事实、恶意串通、向主管部门或者评标委员会及其成员行贿或者采取其他非法手段中标或者竞得的，中标、竞得结果无效，所缴纳的投标、竞买保证金不予退还。

第二十五条　主管部门应当按照成交确认书所约定的时间为中标人、竞得人办理登记，颁发勘查许可证、采矿许可证，并依法保护中标人、竞得人的合法权益。

第二十六条　主管部门在签订成交确认书后，改变中标、竞得结果或者未依法办理勘查许可证、采矿许可证的，由上级主管部门责令限期改正，对直接负责的主管人员和其他直接责任人员依法给予行政处分；给中标人、竞得人造成损失的，中标人、竞得人可以依法申请行政赔偿。

第二十七条　主管部门负责建立招标拍卖挂牌的档案，档案包括投标人、评标委员会、中标人、竞买人和竞得人的基本情况、招标拍卖挂牌过程、中标、竞得结果等。

第二节　招　标

第二十八条　探矿权采矿权招标的，投标人不得少于三人。投标人少于三人，属采矿权招标的，主管部门应当依照本办法重新组织招标；属探矿权招标的，主管部门可以以挂牌方式授予探矿权。

第二十九条　主管部门应当确定投标人编制投标文件所需的合理时间；但是自招标文件发出之日起至投标人提交投标文件截止之日，最短不得少于 30 日。

第三十条　投标、开标依照下列程序进行：

（一）投标人按照招标文件的要求编制投标文件，在提交投标文件截止之日前，将投标文件密封后送达指定地点，并附具对投标文件承担责任的书面承诺。

在提交投标文件截止之日前，投标人可以补充、修改但不得撤回投标文件。补充、修改的内容作为投标文件的组成部分。

（二）主管部门签收投标文件后，在开标之前不得开启；对在提交投标文件的截止之日后送达的，不予受理。

（三）开标应当在招标文件确定的时间、地点公开进行。开标由主管部门主持，邀请全部投标人参加。

开标时，由投标人或者其推选的代表检查投标文件的密封情况，当众拆封，宣读投标人名称、投标价格和投标文件的主要内容。

（四）评标由主管部门组建的评标委员会负责。评标委员会应当按照招标文件确定的评标标准和方法，对投标文件进行评审。评审时，可以要求投标人对投标文件作出必要的澄清或者说明，但该澄清或者说明不得超出投标文件的范围或者改变投标文件的实质内容。评标委员会完成评标后，应当提出书面评标报告和中标候选人，报主管部门确定中标人；主管部门也可委托评标委员会直接确定中标人。

评标委员会经评审，认为所有的投标文件都不符合招标文件要求的，可以否决所有的投标。

第三十一条　评标委员会成员人数为五人以上单数，由主管部门根据拟招标的探矿权采矿权确定，有关技术、经济方面的专家不得少于成员总数的三分之二。

在中标结果公布前，评标委员会成员名单须保密。

第三十二条　评标委员会成员收受投标人的财物或其他好处的，或者向他人透露标底或有关其他情况的，主管部门应当取消其担任评标委员会成员的资格。

第三十三条　确定的中标人应当符合下列条件之一：

（一）能够最大限度地满足招标文件中规定的各项综合评价标准；

（二）能够满足招标文件的实质性要求，并且经评审的投标价格最高，但投标价格低于标底的除外。

第三十四条　中标人确定后，主管部门应当通知中标人在接到通知之日起 5 日内签订成交确认书，并同时将中标结果通知所有投标人。

第三节　拍　卖

第三十五条　探矿权采矿权拍卖的，竞买人不得少于三人。少于三人的，主管部门应当停止拍卖。

第三十六条　探矿权采矿权拍卖的，主管部门应当于拍卖日20 日前发布拍卖公告。

第三十七条　拍卖会依照下列程序进行：

（一）拍卖主持人点算竞买人；

（二）拍卖主持人介绍探矿权采矿权的简要情况；

（三）宣布拍卖规则和注意事项；

（四）主持人报出起叫价；

（五）竞买人应价。

第三十八条　无底价的，拍卖主持人应当在拍卖前予以说明；有底价的，竞买人的最高应价未达到底价的，该应价不发生效力，拍卖主持人应当停止拍卖。

第三十九条　竞买人的最高应价经拍卖主持人落槌表示拍卖成交，拍卖主持人宣布该最高应价的竞买人为竞得人。

主管部门和竞得人应当当场签订成交确认书。

第四节　挂　牌

第四十条　探矿权采矿权挂牌的，主管部门应当于挂牌起始日 20 日前发布挂牌公告。

第四十一条　探矿权采矿权挂牌的，主管部门应当在挂牌起始日，将起始价、增价规则、增价幅度、挂牌时间等，在挂牌公告指定的场所挂牌公布。

挂牌时间不得少于 10 个工作日。

第四十二条　竞买人的竞买保证金在挂牌期限截止前缴纳的，方可填写报价单报价。主管部门受理其报价并确认后，更新挂牌价格。

第四十三条　挂牌期间，主管部门可以根据竞买人的竞价情况调整增价幅度。

第四十四条　挂牌期限届满，主管部门按照下列规定确定是否成交：

（一）在挂牌期限内只有一个竞买人报价，且报价高于底价的，挂牌成交；

（二）在挂牌期限内有两个或者两个以上的竞买人报价的，出价最高者为竞得人；报价相同的，先提交报价单者为竞得人，但报价低于底价者除外；

（三）在挂牌期限内无人竞买或者竞买人的报价低于底价的，挂牌不成交。

在挂牌期限截止前 30 分钟仍有竞买人要求报价的，主管部门应当以当时挂牌价为起始价进行现场竞价，出价最高且高于底价的竞买人为竞得人。

第四十五条　挂牌成交的，主管部门和竞得人应当当场签订成交确认书。

第四章　附　则

第四十六条　本办法自 2003 年 8 月 1 日施行。

本办法发布前制定的有关文件的内容与本办法的规定不一致的，按照本办法规定执行。

国土资源部、财政部关于印发
《探矿权采矿权使用费减免办法》的通知

（国土资发〔2000〕174号）

各省、自治区、直辖市地质矿产厅（局），财政厅（局）：

根据《矿产资源勘查区块登记管理办法》《矿产资源开采登记管理办法》的有关规定，我们制定了《探矿权采矿权使用费减免办法》。现印发你们，请遵照执行。

国土资源部

财政部

二〇〇〇年六月六日

探矿权采矿权使用费减免办法

第一条　为鼓励矿产资源勘查开采，根据《矿产资源勘查区块登记管理办法》和《矿产资源开采登记管理办法》的有关规定制定本办法。

第二条　依照《中华人民共和国矿产资源法》及其配套法规取得探矿权、采矿权的矿业权人或探矿权、采矿权申请人，可以依照本办法的规定向探矿权、采矿权登记管理机关（以下简称登记机关）申请探矿权、采矿权使用费的减缴或免缴。

第三条　在我国西部地区、国务院确定的边远贫困地区和海域从事符合下列条件的矿产资源勘查开采活动，可以依照本规定申请探矿权、采矿权使用费的减免：

（一）国家紧缺矿产资源的勘查、开发；

（二）大中型矿山企业为寻找接替资源申请的勘查、开发；

（三）运用新技术、新方法提高综合利用水平的（包括低品位、难选冶的矿产资源开发及老矿区尾矿利用）矿产资源开发；

（四）国务院地质矿产主管部门和财政部门认定的其他情况。

国家紧缺矿产资源由国土资源部确定并发布。

第四条　探矿权、采矿权使用费的减免按以下幅度审批。

（一）探矿权使用费：第一个勘查年度可以免缴，第二至第三个勘查年度可以减缴 50%；第四至第七个勘查年度可以减缴 25%。

（二）采矿权使用费：矿山基建期和矿山投产第一年可以免缴，矿山投产第二至第三年可以减缴 50%；第四至第七年可以减缴 25%；矿山闭坑当年可以免缴。

第五条　探矿权、采矿权使用费的减免，实行两级审批制。

国务院地质矿产主管部门审批登记、颁发勘查许可证、采矿许可证的探矿权采矿权使用费的减免，由国务院地质矿产主管部门负责审批，并报国务院财政部门备案。

省级地质矿产主管部门审批登记、颁发勘查许可证、采矿许可证和省级以下地质矿产主管部门审批登记颁发采矿许可证的探矿权采矿权使用费的减免，由省级地质矿产主管部门负责审批。

省级地质矿产主管部门应将探矿权采矿权使用费的批准文件报送上级登记管理机关和财政部门备案。

第六条　申请减免探矿权、采矿权使用费的矿业投资人，应在收到矿业权领证通知后的 10 日内填写探矿权、采矿权使用费减免申请书，按照本法第五条的管辖规定，报送矿业权登记管理机关审批，同时抄送同级财政部门。矿业权登记管理机关应在收到申请后的 10 日内作出是否减免的决定，并通知申请人。申请人凭批准减免文件办理缴费、登记和领取勘查、采矿许可证手续。

第七条　本办法颁发以前已收缴的探矿权、采矿权使用费不办理减免返还。

第八条　本办法原则适用于外商投资勘查、开采矿产资源。但是，国家另有规定的，从其规定。

第九条　在中华人民共和国领域及管辖的其他海域勘查开采矿产资源遇有自然灾害等不可抗力因素的，在不可抗力期间可以申请探矿权、采矿权使用费减免。

第十条　本办法自发布之日起实施。

国土资源部关于印发
《矿业权出让转让管理暂行规定》的通知

（国土资发〔2000〕309号）

各省、自治区、直辖市国土资源厅（国土资源环境厅、国土资源和房屋管理局、房屋土地管理局、规划和国土资源局）：

为培育和规范矿业权市场，根据《中华人民共和国矿产资源法》及配套法规，经研究，现将《矿业权出让转让管理暂行规定》印发执行。

国土资源部

二〇〇〇年十一月一日

矿业权出让转让管理暂行规定

第一章　总　　则

第一条　为了培育、规范矿业权市场，根据《中华人民共和国矿产资源法》、《矿产资源勘查区块登记管理办法》、《矿产资源开采登记管理办法》和《探矿权采矿权转让管理办法》，制定本规定。

第二条　在中华人民共和国领域及其管辖海域出让、转让矿业权适用本办法。

第三条　探矿权、采矿权为财产权，统称为矿业权，适用于不动产法律法规的调整原则。

依法取得矿业权的自然人、法人或其他经济组织称为矿业权人。

矿业权人依法对其矿业权享有占有、使用、收益和处分权。

第四条　矿业权的出让由县级以上人民政府地质矿产主管部门根据《矿产资源勘查区块登记管理办法》、《矿产资源开采登记管理办法》及省、自治区、直辖市人民代表大会常务委员会制定的管理办法规定的权限，采取批准申请、招标、拍卖等方式进行。

出让矿业权的范围可以是国家出资勘查并已经探明的矿产地、依法收归国有的矿产地和其他矿业权空白地。

第五条　各级地质矿产主管部门按照法定管辖权限出让国家出资勘查并已经探明的矿产地的矿业权时，应委托具有国务院地质矿产主管部门认定的有矿业权评估资格的评估机构（以下简称"评估机构"）进行矿业权评估。

第六条　矿业权人可以依照本办法的规定采取出售、作价出资、合作勘查或开采、上市等方式依法转让矿业权。

转让双方应按规定到原登记发证机关办理矿业权变更登记手续。但是受让方为外商投资矿山企业的，应到具有外商投资矿山企业发证权的登记管理机关办理变更登记手续。

矿业权人可以依照本办法的规定出租、抵押矿业权。

第七条　国务院地质矿产主管部门负责由其审批发证的矿业权转让的审批。省、自治区、直辖市人民政府地质矿产主管部门负责其他矿业权转让的审批。

第八条　矿业权人转让国家出资勘查形成的矿业权的，应由矿业权人委托评估机构进行矿业权评估。

第九条　国家出资是指中央财政或地方财政以地质勘探费、矿产资源补偿费、各种基金以及专项经费等安排用于矿产资源勘查的拨款。

第十条　中央财政出资勘查形成矿产地的矿业权的评估结果，由国务院地质矿产主管部门确认。地方财政出资勘查形成矿产地的矿业权的评估结果，委托省级人民政府地质矿产主管部门进行确认。

中央和地方财政共同出资勘查形成矿产地的矿业权的评估结果，经省级人民政府地质矿产主管部门提出审查意见，由国务院地质矿产主管部门确认。

国家与企业或个人等共同出资勘查形成矿产地的矿业权的评估结果，按照国家出资的渠道，分别由国务院地质矿产主管部门或委托省级人民政府地质矿产主管部门进行确认。

第十一条　申请出让经勘查形成矿产地的矿业权的价款，经登记管理机关批准可以分期缴纳。申请分期缴纳矿业权价款，应向登记管理机关说明理由，并承诺分期缴纳的额度和期限，经批准后实施。

国有地勘单位或国有矿山企业申请出让经勘查形成矿产地的矿业权符合国家有关规定的，可以按照规定申请将应交纳的矿业权价款部分或全部转增国家资本，并经审查批准后实施。

第十二条　探矿权人在其勘查作业区内申请采矿权的，矿业权可不评估，登记管理机关不收取价款。

矿山企业进行合资、合作、合并、兼并等重组改制时，应进行采矿权评估，办理采矿权转让审批和变更登记手续。是国家出资勘查形成的采矿权的，应由国务院或省级地质矿产主管部门对评估的采矿权价款进行确认，登记管理机关不收取采矿权价款。

第十三条　矿业权申请人、矿业权投标人、矿业权竞买人、矿业权承租人，应当具备相应的资质条件。

第十四条　矿业权出让时，登记管理机关应一并提供相应的地质资料。矿业权转让时，转让人应一并提供相应的地质资料。

第二章　矿业权出让

第十五条　矿业权出让是指登记管理机关以批准申请、招标、拍卖等方式向矿业权申请人授予矿业权的行为。

第十六条　在探矿权有效期和保留期内，探矿权人有优先取得勘查作业区内矿产资源采矿权的权利，未经探矿权人的同意，登记管理机关不得在该勘查作业区内受理他人的矿业权申请。

第十七条　以批准申请方式出让经勘查形成矿产地的矿业权的，登记管理机关按照评估确认的结果收缴矿业权价款。

以招标、拍卖方式出让经勘查形成矿产地的矿业权的，登记管理机关应依据评估确认的结果确定招标、拍卖的底价或保留价，成交后登记管理机关按照实际交易额收取矿业权价款。

第一节　批准申请

第十八条　矿业权批准申请出让是指登记管理机关通过审查批准矿业权申请人的申请，授予矿业权申请人矿业权的行为。

第十九条　矿业权申请人应是出资人或由其出资设立的法人。但是，国家出资勘查的，由出资的机构指定探矿权申请人。两个以上出资人设立合资或合作企业进行勘查、开采矿产资源的，企业是矿业权申请人；不设立合作企业进行勘查、开采矿产资源的，则由出资人共同出具书面文件指定矿业权申请人。

采矿权申请人应为企业法人，个体采矿的应依法设立个人独资企业。

第二十条　矿业权批准申请的条件和程序按国务院有关规定执行。

第二十一条　国家确定的矿业权招标区域不再受理单独的矿业权申请。

第二节　招　标

第二十二条　矿业权招标出让是指登记管理机关依照有关法

律法规的规定，通过招标方式使中标人有偿获得矿业权的行为。

第二十三条 登记管理机关可以作为招标人在其矿业权审批权限内直接组织招标，也可以委托中介机构代理招标。

第二十四条 登记管理机关采用招标方式出让矿业权时，应将确定的拟招标区块或矿区范围、招标时间和投标人的资质条件要求，在《国土资源报》发布公告。

第二十五条 招标文件发布之日起至投标人提交投标文件截止之日止，最短不得少于20日。

第二十六条 登记管理机关采用招标方式出让矿业权时，应委托评估机构对矿业权进行评估。经依法确认的评估结果可以作为确定标底的依据。

第二十七条 登记管理机关可以根据矿业权的情况，以矿业权价款、资金投入或其他指标设定单项或综合标底。

第二十八条 设定资金投入为标底进行招标的，中标人在办理登记时须向登记管理机关指定银行的押金专户交纳押金。押金的数额根据中标人投标时承诺投入资金总额的一定比例确定。押金的比例在标书公告中明确。年度审查时根据资金投入的数额，登记管理机关按比例返还押金。未按承诺投入资金的，押金不予退还，由登记管理机关上缴同级财政。

第二十九条 登记管理机关、招标人和矿业权评估机构应对矿业权评估价值、招标标底严格保密。

第三十条 登记管理机关组织评标，依法组建评标委员会，采取择优的原则确定中标人。

第三节 拍　卖

第三十一条 矿业权拍卖出让是指登记管理机关遵照有关法律法规规定的原则和程序，委托拍卖人以公开竞价的形式，向申请矿业权竞价最高者出让矿业权的行为。

第三十二条 登记管理机关在其矿业权审批权限内组织矿业

权拍卖。

第三十三条 拟拍卖矿业权的区块或范围、拍卖时间和对竞买人的资质条件要求由登记管理机关确定,并在《国土资源报》发布公告。

第三十四条 拍卖出让经勘查形成矿产地的矿业权,由登记管理机关委托评估机构评估,经依法确认的评估结果可以作为拍卖标的的保留价。

第三十五条 买受人应在规定时间内,按规定缴纳有关费用和拍卖价款,依法办理登记手续,领取许可证。逾期未缴齐费用和价款、未办理登记手续的,视买受人自动放弃买受行为,并承担相应的违约责任。

第三章 矿业权转让

第三十六条 矿业权转让是指矿业权人将矿业权转移的行为,包括出售、作价出资、合作、重组改制等。

矿业权的出租、抵押,按照矿业权转让的条件和程序进行管理,由原发证机关审查批准。

第三十七条 各种形式的矿业权转让,转让双方必须向登记管理机关提出申请,经审查批准后办理变更登记手续。

第三十八条 采矿权人不得将采矿权以承包等方式转给他人开采经营。

第三十九条 转让国家出资勘查形成的矿业权的,转让人以评估确认的结果为底价向受让人收取矿业权价款或作价出资。

国有地质勘查单位转让国家出资勘查形成的矿业权的收益,应按勘查时的实际投入数转增国家基金,其余部分计入主营业务收入。

国有矿山企业转让国家出资勘查形成的矿业权的收益做国家资本处置的,应按照国务院地质矿产主管部门和国务院财政主管部门的规定报批执行。

非国有矿山企业转让国家出资勘查形成矿产地的采矿权的，由登记管理机关收取相应的采矿权价款。但是符合本规定第十二条的除外。

第一节　出售、作价出资、合作

第四十条　矿业权出售是指矿业权人依法将矿业权出卖给他人进行勘查、开采矿产资源的行为。

第四十一条　矿业权作价出资是指矿业权人依法将矿业权作价后，作为资本投入企业，并按出资数额行使相应权利，履行相应义务的行为。

第四十二条　合作勘查或合作开采经营是指矿业权人引进他人资金、技术、管理等，通过签订合作合同约定权利义务，共同勘查、开采矿产资源的行为。

第四十三条　矿业权人改组成上市的股份制公司时，可将矿业权作价计入上市公司资本金，也可将矿业权转让给上市公司向社会披露，但在办理转让审批和变更登记手续前，均应委托评估矿业权，矿业权评估结果报国务院地质矿产主管部门确认。

矿业股份制公司在境外上市的，可按照所上市国的规定通过境外评估机构评估矿业权，但应将评估报告向国务院地质矿产主管部门备案。

第四十四条　出售矿业权或者通过设立合作、合资法人勘查、开采矿产资源的，应申请办理矿业权转让审批和变更登记手续。

不设立合作、合资法人勘查或开采矿产资源的，在签订合作或合资合同后，应当将相应的合同向登记管理机关备案。

采矿权申请人领取采矿许可证后，因与他人合资、合作进行采矿而设立新企业的，可不受投入采矿生产满一年的限制。

第四十五条　需要部分出售矿业权的，必须在申请出售前向登记管理机关提出分立矿业权的申请，经批准并办理矿业权变更登记手续。

采矿权原则上不得部分转让。

第四十六条　矿业权转让的当事人须依法签订矿业权转让合同。依转让方式的不同，转让合同可以是出售转让合同、合资转让合同或合作转让合同。

转让申请被批准之日起，转让合同生效。

第四十七条　矿业权转让合同应包括以下基本内容：

（一）矿业权转让人、受让人的名称、法定代表人、注册地址；

（二）申请转让矿业权的基本情况，包括当前权属关系、许可证编号、发证机关、矿业权的地理位置坐标、面积、许可证有效期限及勘查工作程度或开采情况等；

（三）转让方式和转让价格，付款方式或权益实现方式等；

（四）争议解决方式；

（五）违约责任。

第四十八条　转让人和受让人收到转让批准通知书后，应在规定时间内办理变更登记手续；逾期未办理的，视为自动放弃转让行为，已批准的转让申请失效。

第二节　出　租

第四十九条　矿业权出租是指矿业权人作为出租人将矿业权租赁给承租人，并向承租人收取租金的行为。

矿业权出租应当符合国务院规定的矿业权转让的条件。

矿业权人在矿业权出租期间继续履行矿业权人的法定的义务并承担法律责任。

第五十条　出租国家出资勘查形成的矿产地的采矿权的，应按照采矿权转让的规定进行评估、确认，采矿权价款按有关规定进行处置。

已出租的采矿权不得出售、合资、合作、上市和设定抵押。

第五十一条 矿业权人申请出租矿业权时应向登记管理机关提交以下材料：

（一）出租申请书；

（二）许可证复印件；

（三）矿业权租赁合同书；

（四）承租人的资质条件证明或营业执照；

（五）登记管理机关要求提交的其他有关资料。

第五十二条 矿业权租赁合同应包括以下主要内容：

（一）出租人、承租人的名称、法定代表人的姓名、注册地址或住所；

（二）租赁矿业权的名称、许可证号、发证机关、有效期、矿业权范围坐标、面积、矿种；

（三）租赁期限、用途；

（四）租金数额，交纳方式；

（五）租赁双方的权利和义务；

（六）合同生效期限；

（七）争议解决方式；

（八）违约责任。

第五十三条 矿业权承租人不得再行转租矿业权。

采矿权的承租人在开采过程中，需要改变开采方式和主矿种的，必须由出租人报经登记管理机关批准并办理变更登记手续。

采矿权人被依法吊销采矿许可证时，由此产生的后果由责任方承担。

第五十四条 租赁关系终止后的 20 日内，出租人应向登记管理机关申请办理注销出租手续。

第三节 抵 押

第五十五条 矿业权抵押是指矿业权人依照有关法律作为债

务人以其拥有的矿业权在不转移占有的前提下，向债权人提供担保的行为。

以矿业权作抵押的债务人为抵押人，债权人为抵押权人，提供担保的矿业权为抵押物。

第五十六条　债权人要求抵押人提供抵押物价值的，抵押人应委托评估机构评估抵押物。

第五十七条　矿业权设定抵押时，矿业权人应持抵押合同和矿业权许可证到原发证机关办理备案手续。矿业权抵押解除后 20 日内，矿业权人应书面告知原发证机关。

第五十八条　债务人不履行债务时，债权人有权申请实现抵押权，并从处置的矿业权所得中依法受偿。新的矿业权申请人应符合国家规定的资质条件，当事人应依法办理矿业权转让、变更登记手续。

采矿权人被吊销许可证时，由此产生的后果由债务人承担。

第四章　监督管理

第五十九条　矿业权人不履行缴纳矿业权价款承诺的，由登记管理机关依照《矿产资源区块登记管理办法》第三十一条、《矿产资源开采登记管理办法》第二十一条的规定予以处罚。

第六十条　在招标、拍卖矿业权过程中，受委托的中介机构、评标委员会、投标人、竞标人有违法、违规行为的，由登记管理机关按有关法律法规的规定予以处罚。

评估机构在招标、拍卖过程中泄露评估价值的，除依法追究法律责任外，国务院地质矿产主管部门责令其停业一年，再次发生的，取消评估资格。

第六十一条　未经登记管理机关批准，擅自转让矿业权或违反本办法规定出租矿业权的，由登记管理机关依据《探矿权采矿权转让管理办法》第十四条的规定予以处罚。

第六十二条　矿业权出租方违反本规定的，矿业权人将矿业权承包给他人开采、经营的，由登记管理机关按照《探矿权采矿权转让管理办法》第十五条的规定予以处罚。

第六十三条　违反有关法律和本规定所设定的矿业权抵押无效。

第六十四条　登记管理机关违反本规定发证或审批的，应及时纠正；对当事人造成损失的，应依据有关法律规定给予赔偿。

第六十五条　登记管理机关工作人员徇私舞弊、滥用职权、玩忽职守，构成犯罪的，依法追究刑事责任；尚不构成犯罪的，依法给予行政处分。

第五章　附　则

第六十六条　以非法人组织申请探矿权或转让探矿权的，比照法人申请探矿权或转让探矿权的程序办理。

第六十七条　以赠与、继承、交换等方式转让矿业权的，当事人应携带有关证明文件至登记管理机关办理变更登记手续。

第六十八条　《探矿权采矿权转让管理办法》颁布前已经签订承包合同的矿山企业，应于 2001 年 6 月 30 日前，按本规定关于矿业权出租管理的规定，补办有关手续。逾期不办的，按本规定第六十二条处理。

第六十九条　本规定自发布之日起执行。

国土资源部办公厅关于做好中外合作开采石油资源补偿费征收工作的通知

（国土资厅发〔2012〕14号）

为贯彻落实《国务院关于修改〈中华人民共和国对外合作开采陆上石油资源条例〉的决定》（国务院令第606号）、《国务院关于修改〈中华人民共和国对外合作开采海洋石油资源条例〉的决定》（国务院令第607号）和国土资源部《关于修改〈关于矿产资源补偿费征收管理工作中若干问题的补充规定〉的通知》（国土资发〔2011〕229号）精神，做好中外合作开采石油资源补偿费征收工作，根据《中华人民共和国矿产资源法》和《矿产资源补偿费征收管理规定》（国务院150号令），现将有关事项通知如下：

一、中外企业在中华人民共和国领域及管辖海域合作开采陆上、海上石油资源应依法缴纳矿产资源补偿费。本通知所指石油资源包括常规石油、天然气，以及煤层气等非常规油气资源。

二、中外合作开采陆上、海上石油资源补偿费实行属地化征收，由合作区块采矿权范围所在省（区、市）省级国土资源主管部门负责征收。陆上合作区块采矿权范围跨省级行政区域的由国土资源部授权的省级国土资源主管部门征收；海上合作区块按国务院批复的海域行政区域界线确定归属行政区域，由归属行政区域的省级国土资源主管部门征收，跨省级海域行政区域或者尚未确定海域行政区域界线的，由国土资源部授权的省级国土资源主管部门征收。

三、中外合作开采陆上、海上石油资源补偿费按150号令规定的计算公式和费率计征。开采回采率系数取 1，另有规定的从其规定。

四、中外合作开采陆上、海上石油资源补偿费由采矿权人缴纳，纳入矿产资源补偿费征收统计网络直报系统。

五、中外合作区块的采矿权人可按照 150 号令有关减免的规定申请减免。有关省（区、市）国土资源主管部门应规范减免具体条件和申报、审批要求。批准减免的，自批准之日起 1 个月内报国土资源部备案。

六、中外合作开采石油资源企业开发利用情况年检需提交缴纳补偿费的相关票据和合作开采石油资源合同文本等相关材料，由省级国土资源主管部门出具是否已按要求缴纳补偿费的证明文件。未有证明文件的，年检不予通过，不予办理其采矿权的延续、变更、转让等申请。

七、中外合作开采石油资源的中国企业和外国企业应积极履行法定义务，按要求及时缴纳补偿费。对于未在规定期限内足额缴纳矿产资源补偿费的，采取伪报、隐匿等手段不缴或少缴补偿费的以及未按申报要求提交相关资料的，由国土资源主管部门根据 150 号令相关规定进行相应处罚。

八、2011 年 11 月 1 日前已依法订立的中外合作开采陆上、海上石油资源的合同，在已约定的合同有效期内，继续按照当时国家有关规定缴纳矿区使用费。

征收中外合作石油资源矿产资源补偿费是国土资源主管部门的一项重要法定职能，各有关省（区、市）国土资源主管部门要高度重视，采取有效措施，确保征收管理到位。

本通知自发布之日起实行，有效期 8 年。

国土资源部办公厅

二〇一二年三月三十一日

国土资源部办公厅关于做好石油天然气探明可采储量动态管理的通知

(国土资厅发〔2011〕3号)

中国石油天然气股份有限公司、中国石油化工股份有限公司、中海石油（中国）有限公司、中联煤层气有限责任公司，陕西延长油矿管理局等地方石油公司，部矿产资源储量评审中心油气储量评审专业办公室：

为了解掌握国家石油天然气资源储量情况，实现国家油气资源储量动态管理。现就做好全国石油天然气探明可采储量动态管理有关工作要求通知如下：

一、石油天然气探明可采储量是指经过评审通过的石油（包括凝析油、页岩油等）、天然气（包括气层气、溶解气、煤层气、二氧化碳气等）（以下简称"油气"）技术可采储量和经济可采储量（以下简称"可采储量"）。

二、可采储量管理单元以油气田开发单元为基本单元，以油气田为汇总统计单元，油气田的可采储量为各开发单元可采储量的总和。

三、油气勘查开发过程中出现下列情形的，应进行可采储量标定：

（一）年度新增探明可采储量的；

（二）油气田地质储量经复（核）算后可采储量发生变化的；

（三）油气田因调整开发层系、转换开发方式、完善注采井网、拆分或合并开发单元等引起可采储量变化的；

（四）油气田开发状态改变引起可采储量变化的。

四、各油公司年度可采储量标定结果，按以下要求进行申报、评审、备案。

（一）对年度新增探明可采储量和复（核）算可采储量，经国土资源部矿产资源储量评审中心油气储量评审专业办公室（以下简称"油气储办"）组织评审后，报国土资源部备案。

（二）对年度已开发油气田可采储量发生变化的，各单位编制可采储量标定书，由油气储办会同油公司组成评审组进行审查，重点审查相对变化幅度较大的油气田（大型油气田>1%、中型油气田>2%、小型油气田>5%，且相对变化量达到50万立方米石油或50亿立方米天然气以上）可采储量的标定成果，并编写评审意见，报国土资源部备案。

（三）对年度开发状态和可采储量未变动的油气田，或仅由于油气采出引起剩余可采储量变动的，由油公司确认后，直接纳入年度储量统计。

（四）可采储量年度标定结果有变化的油气田在年度油气储量登记统计会审后纳入年度油气储量登记统计。油气储办在每年1月底前完成各油公司可采储量标定评审工作。

五、各油公司可采储量标定结果经评审和确认后，于每年2月底前完成本公司储量数据更新和年度储量登记统计工作，油气储办在各油公司数据更新汇总的基础上，更新全国油气储量登记统计数据，每年3月15日前完成全国油气储量登记统计工作。

六、油公司可采储量标定报告评审意见书和油公司年度可采储量标定书等有关材料格式由部油气储办制定，报国土资源部同意后印发。

国土资源部办公厅

二○一一年一月四日

国土资源部办公厅关于规范矿产资源勘查实施方案管理工作的通知

(国土资厅发〔2010〕29 号)

各省、自治区、直辖市国土资源厅（国土环境资源厅、国土资源局、国土资源和房屋管理局、规划和国土资源管理局）：

根据《矿产资源勘查区块登记管理办法》（国务院令第 240 号）及有关规定，为进一步规范探矿权审批管理，推进矿产资源合理勘查，提高勘查工作质量，降低勘查投资风险，加强矿产资源勘查实施方案审查和管理工作，现将《矿产资源勘查实施方案编制大纲》和《矿产资源勘查实施方案审查要求》印发给你们，请遵照执行。有关事项通知如下：

一、申请探矿权新立、延续、变更（扩大勘查范围、变更勘查矿种），需提交经评审通过的矿产资源勘查实施方案和评审意见书。

二、矿产资源勘查实施方案应由具备相应地质勘查资质的项目承担单位按照《矿产资源勘查实施方案编制大纲》（附件 1）的要求编制。

三、矿产资源勘查实施方案由登记管理机关组织或委托有关单位按照《矿产资源勘查实施方案审查要求》进行评审，出具《矿产资源勘查实施方案评审意见书》（附件 2）。

石油、天然气、煤层气探矿权申请项目的勘查实施方案由国土资源部组织审查，国土资源部审批发证的其他探矿权申请项目的勘查实施方案委托省级国土资源行政主管部门组织审查。

省级国土资源行政主管部门对于国土资源部授权审批发证的

探矿权申请项目，其勘查实施方案的审查不得委托下级国土资源行政主管部门进行。

中央财政出资的勘查项目，勘查实施方案由项目主管部门负责审查。

四、承担勘查实施方案评审工作的单位受理勘查实施方案评审申请至完成评审，时间不得超过 15 个工作日。

五、探矿权人应按照经认定或评审通过的勘查实施方案进行勘查施工。探矿权人需要对勘查实施方案进行调整的，应及时向登记管理机关备案。勘查实施方案调整工作量缩减三分之一以上的，探矿权人应重新提交经评审通过的矿产资源勘查实施方案，登记管理机关组织审查并作出是否准予备案的决定。

六、省级国土资源行政主管部门应建立包括地质、矿产、遥感、物探、化探、探矿工程、水工环、经费预算等多领域专家组成的专家库。根据实际需要和专家资信情况，对专家库进行动态调整。

为保证勘查实施方案评审工作的公平、公正，参与勘查实施方案评审的专家从专家库中随机抽取，纪检监察部门进行评审全过程监督，评审专家实行回避制度。

七、探矿权人对勘查实施方案审查有异议的，登记管理机关可提出重审或由登记管理机关另行委托其他单位进行复审。

承担勘查实施方案评审工作的单位未按《矿产资源勘查实施方案审查要求》及相关要求进行审查的，登记管理机关可提出重审或由登记管理机关另行委托其他单位复审。经重审或复审认定，承担评审工作的单位未按要求进行审查次数累计达到三次，不再委托其承担勘查实施方案评审工作。

省级国土资源行政主管部门不按要求组织审查，或没有正当理由拒不评审通过的，探矿权人可向国土资源部反映，国土资源部责令其改正。

八、省级国土资源行政主管部门应加强市、县国土资源管理专业人员配备和技术队伍建设。市、县国土资源行政主管部门应严格依据勘查实施方案对勘查项目进行监督检查，对不按照勘查实施方案施工的，按有关规定进行处罚。

九、探矿权延续申请项目，探矿权人应在勘查许可证有效期届满的 30 日前，提交评审通过的《勘查实施方案评审意见书》及法律法规规定的其他要件，办理延续申请手续。

十、矿产资源勘查实施方案的实施按照《关于进一步规范探矿权管理有关问题的通知》（国土资发〔2009〕200 号）要求实行合同管理，合同标准文本及相关要求另行下发。

十一、石油、天然气、煤层气勘查实施方案编制和审查有特殊要求的，从其规定。铀矿勘查实施方案的审查要符合相关保密规定的要求。

十二、省级国土资源行政主管部门可按照本通知精神，结合本地区实际，制定具体实施管理办法。

十三、本通知自 2010 年 7 月 1 日开始实行。

附件：1.《矿产资源勘查实施方案编制大纲》
　　　 2.《矿产资源勘查实施方案审查要求》

国土资源部办公厅

二〇一〇年四月十二日

附件 1

矿产资源勘查实施方案编制大纲

本大纲主要适用于申请探矿权新立、延续、变更（扩大勘查范围、变更勘查矿种）时固体矿产预查、普查、详查、勘探实施方案的编制。实施方案具体内容应根据《固体矿产地质勘查规范总则》及相应矿种的勘查规范和技术标准编制。

水气及地热矿产可参考本大纲进行编制。

一、绪言

（一）基本情况

探矿权申请人基本情况；

勘查项目基本情况：包括申请探矿权类型（新立、延续、变更）、区块位置（图幅号、拐点坐标）、面积、矿种、勘查年度（期限）、矿权历次转让情况；

勘查单位及资质情况等。

（二）勘查目的和任务

（三）勘查区地理位置、交通及社会经济状况

二、勘查区以往地质工作程度

勘查区以往地质工作情况、工作程度、地质工作成果、矿产开采情况、存在的主要问题等。

申请延续、变更的项目，须简要介绍自首次登记（受让）探矿权以来地质工作概况，重点反映探矿权人前一勘查期内的工作情况，包括完成的主要工作量、地质勘查投入、成果及存在的主要问题等。

三、勘查区地质情况

（一）区域地质成矿背景

区域地层、构造、岩浆岩、变质岩、矿产等概况，以及区域物探、化探等地质工作成果。

（二）勘查区地质特征与成矿条件

勘查区内与成矿有关（特别是与勘查主矿种有关）的地层、

构造、岩浆岩、变质作用、围岩蚀变、矿化特征、矿体特征、矿床开采技术条件、矿石加工选冶性能等情况，以及地球物理、地球化学特征。

四、勘查工作部署

（一）总体工作部署

工作部署基本原则和技术路线，以及矿床勘查类型、工程布置原则和依据。涉及多矿种的，要进行综合勘查。

（二）年度工作安排

依据总体部署，提出分年度目标任务、工作量及年度经费预算，第一年度的工作安排应详细表述。

五、主要工作方法手段及技术要求

根据工作目的任务要求，分别说明所采用各项工作方法手段（测量、地质测量、槽探、井探、坑探、钻探、物化探、采样和样品测试、矿石加工技术性能试验、矿床开采技术条件研究和综合评价等）的基本任务及工作量。

具体的技术质量要求参照相应的勘查规范和技术标准。

六、经费预算

经费预算的依据、标准、计算方法。参照地质大调查预算标准和编制方法，结合市场及项目所在地区具体情况进行编制，明确各年度经费，附相应表格。

七、预期成果

预期勘查成果（矿产地、资源量、储量）及相应的勘查报告、图件、附表等。

八、保障措施

（一）组织管理及人员组成分工

（二）经费保障措施

（三）质量保障措施

（四）安全保障措施

九、其他

（一）附图与附表要求

附图（或插图）：勘查区交通位置图、区域地质图、物化探异常图、勘查区地形地质图及工程布置图、主要勘探线剖面图（或设计勘探线剖面图）等。

附表（或插表）：工作量一览表、经费预算表等。

（二）报送要求

实施方案要求同时报送纸介质和电子文档。电子文档采用Word格式，A4幅面；附表采用Excel格式，附图用MapGis或ArcGis格式，图片用Tif或Jpg格式。

附件2

矿产资源勘查实施方案审查要求

矿产资源勘查实施方案应重点审查以下内容：

一、勘查工作的地质依据审查

勘查目标是否明确，勘查矿种与成矿地质条件是否相符。对新申请项目，勘查区以往地质资料收集是否齐全；是否具备成矿地质条件。对延续、变更申请项目，是否反映探矿权人已投入的主要实物工作量、矿体地质特征、工程控制及矿石加工选冶性能等情况。

二、勘查工作的技术合理性审查

勘查工作总体部署是否合理，年度工作安排是否适当；技术路线是否可行，工作方法是否科学合理，技术要求是否明确、技术手段是否可行；多矿种工作区是否设计了综合勘查、综合评价；实物工作量投入能否满足勘查阶段的要求；预期成果是否明确，预期提交的地质资料是否符合相应勘查阶段规范要求。

三、勘查工作的经济合理性审查

经费预算是否达到最低勘查投入要求，是否与设计的勘查工作量相符，预算编制是否符合国家、省（区、市）有关规定，各种取费标准是否符合现有行业标准或市场价格。

四、勘查方案的可操作性审查

组织管理制度是否健全；专业技术人员结构是否合理；质量保障措施是否完善。

五、评审意见书格式要求

评审意见书格式参考下表。（略）

国土资源部办公厅关于地质矿产勘查投入核算范围的通知

（国土资厅发〔2007〕150号）

各省、自治区、直辖市国土资源厅（国土资源环境厅、国土资源局、国土资源和房屋管理局、房屋土地资源管理局）：

为规范探矿权人地质矿产勘查投入管理，加强对探矿权人履行法定义务情况的监督检查，现就地质矿产勘查投入核算范围有关事项通知如下：

一、勘查投入是指探矿权人直接用于地质矿产勘查工作项目的费用。

二、勘查投入按单个探矿权进行核算。核算范围主要包括：

（一）地形测绘；

（二）地质测量；

（三）遥感；

（四）物化探；

（五）钻探；

（六）山地工程（坑探、浅井、探槽等）；

（七）岩矿测试；

（八）其他地质工作；

（九）工地建筑；

（十）综合研究与科学研究。

三、矿产资源勘查登记管理机关要依据国土资源部有关地质勘查投入预算标准及勘查实施方案对探矿权人勘查投入进行核查。

四、地方各级国土资源主管部门要严格按照核算范围，加强对探矿权勘查投入的监督检查，维护良好的矿产勘查秩序。

国土资源部办公厅

二〇〇七年八月二十八日

财政部、国土资源部关于印发《矿业权出让收益征收管理暂行办法》的通知

（财综〔2017〕35号）

各省、自治区、直辖市、计划单列市财政厅（局）、国土资源主管部门：

根据《国务院关于印发矿产资源权益金制度改革方案的通知》（国发〔2017〕29号），财政部、国土资源部制定了《矿业权出让收益征收管理暂行办法》（见附件），请遵照执行。如有问题，请及时告知。现将有关事项通知如下：

一、自本通知执行之日起，出让新设矿业权的，矿业权人应按《矿业权出让收益征收管理暂行办法》缴纳矿业权出让收益，之前形成尚未缴纳的探矿权、采矿权价款缴入矿业权出让收益科目并统一按规定比例分成。

二、申请在先方式取得探矿权后已转为采矿权的，如完成有偿处置的，不再征收采矿权出让收益；如未完成有偿处置的，应按剩余资源储量以协议出让方式征收采矿权出让收益。尚未转为采矿权的，应在采矿权新立时以协议出让方式征收采矿权出让收益。

三、对于无偿占有属于国家出资探明矿产地的探矿权和无偿取得的采矿权，应缴纳价款但尚未缴纳的，按协议出让方式征收矿业权出让收益。其中，探矿权出让收益在采矿权新立时征收；采矿权出让收益以2006年9月30日为剩余资源储量估算基准日征收（剩余资源储量估算的基准日，地方已有规定的从其规定）。

四、经国土资源主管部门批准，按规定分期缴纳探矿权、采

矿权价款的矿业权人，在批准的分期缴款时间内，按矿业权出让合同或分期缴款批复缴纳剩余部分。

五、已缴清价款的探矿权，如勘查区范围内增列矿种，应在采矿权新立时，比照协议出让方式，在采矿权阶段征收新增矿种采矿权出让收益。

六、已缴清价款的采矿权，如矿区范围内新增资源储量和新增开采矿种，应比照协议出让方式征收新增资源储量、新增开采矿种的采矿权出让收益。其中，仅涉及新增资源储量的，可在已缴纳价款对应的资源储量耗竭后征收。

七、经财政部门和国土资源主管部门批准，已将探矿权、采矿权价款部分或全部转增国家资本金（国家基金），或以折股形式缴纳的，不再补缴探矿权、采矿权价款。

八、欠缴探矿权、采矿权价款的，依据《矿产资源勘查区块登记管理办法》和《矿产资源开采登记管理办法》规定的标准缴纳滞纳金，最高不超过欠缴金额本金。

财政部

国土资源部

二〇一七年七月一日

矿业权出让收益征收管理暂行办法

第一章　总　则

第一条　为规范矿业权出让收益征收管理，健全矿产资源有偿使用制度，维护国家矿产资源所有者权益，促进矿产资源保护与合理利用，根据《中华人民共和国矿产资源法》《国务院关于印发矿产资源权益金制度改革方案的通知》（国发〔2017〕29号）等有关规定，制定本办法。

第二条　矿业权出让收益是国家基于自然资源所有权，将探矿权、采矿权（以下简称矿业权）出让给探矿权人、采矿权人（以下简称矿业权人）而依法收取的国有资源有偿使用收入。矿业权出让收益包括探矿权出让收益和采矿权出让收益。

第三条　在中华人民共和国领域及管辖海域勘查、开采矿产资源的矿业权人，应依照本办法缴纳矿业权出让收益。

第四条　矿业权出让收益为中央和地方共享收入，由中央和地方按照4∶6的比例分成，纳入一般公共预算管理，地质调查及矿山生态环境修复等相关支出，由同级财政予以保障。

地方分成的矿业权出让收益在省（自治区、直辖市）、市、县级之间的分配比例，由省级人民政府确定。

第五条　矿业权出让收益的征收管理由财政部门负责，具体征收由矿产资源主管部门负责，监缴由财政部驻各地财政监察专员办事处负责。

第二章　征　收

第六条　国务院和省级矿产资源主管部门登记的矿业权，其出让收益由矿业权所在地的省级矿产资源主管部门或其授权的市、县矿产资源主管部门负责征收。其中，矿业权范围跨省级行政区域和在中华人民共和国管辖海域的，由国务院矿产资源主管部门指定的省级矿产资源主管部门负责征收。

市、县矿产资源主管部门登记管理的矿业权，其出让收益由市、县矿产资源主管部门负责征收。

第七条　通过招标、拍卖、挂牌等竞争方式出让矿业权的，矿业权出让收益按招标、拍卖、挂牌的结果确定。

第八条　通过协议方式出让矿业权的，矿业权出让收益按照评估价值、市场基准价就高确定。

市场基准价由地方矿产资源主管部门参照类似市场条件定期制定，经省级人民政府同意后公布执行。

第九条　探矿权增列矿种以及采矿权增列矿种、增加资源储量的，增列、增加的部分比照协议出让方式，在采矿权阶段征收采矿权出让收益。对国家鼓励实行综合开发利用的矿产资源，国家另有规定的，从其规定。

第十条　矿业权出让收益原则上通过出让金额的形式征收。对属于资源储量较大、矿山服务年限较长、市场风险较高等情形的矿业权，可探索通过矿业权出让收益率的形式征收。具体征收形式由矿业权出让机关依据资源禀赋、勘查开发条件和宏观调控要求等因素进行选择。

前款所称出让收益率，是指矿业权出让收益占矿产品销售收入的比率。

第十一条　竞争出让矿业权，以出让金额为标的的，矿业权出让收益底价不得低于矿业权市场基准价。以出让收益率为标的的，出让收益底价由矿业权出让收益基准率确定。

第十二条　第十一条所称矿业权出让收益基准率，由省级矿产资源主管部门、财政部门确定，并根据矿产品价格变化和经济发展需要，进行适时调整，报经省级人民政府同意后公布执行。

第十三条　以出让金额形式征收的矿业权出让收益，低于规定额度的，可一次性征收；高于规定额度的，可按以下原则分期缴纳：

1. 探矿权人在取得勘查许可证前，首次缴纳比例不得低于探矿权出让收益的20%；剩余部分在转为采矿权后，在采矿权有效期内按年度缴纳。

2. 采矿权人在取得采矿许可证前，首次缴纳比例不得低于采矿权出让收益的20%；剩余部分在采矿权有效期内分年度缴纳。

一次性缴纳标准、首次缴纳比例和分期缴纳年限，由省级财政部门、矿产资源主管部门制定。

第十四条　以出让收益率确定的矿业权出让收益，在矿山开采时按年度征收，计算公式为：年度矿业权出让收益＝矿业权出让收益率×矿产品年度销售收入。

第十五条　探矿权人转让探矿权，未缴纳的探矿权出让收益由受让人承担缴纳义务。采矿权人转让采矿权并分期缴纳出让收益，采矿权人需缴清已到期的部分，剩余采矿权出让收益由受让人继续缴纳。

第十六条　探矿权转为采矿权的，不再另行缴纳采矿权出让收益。探矿权未转为采矿权的，剩余探矿权出让收益不再缴纳。

第十七条　对于国土资源部登记的油气等重点矿种，国土资源部可对矿业权出让收益市场基准价、出让收益基准率、分期缴纳等制定统一标准。

第十八条　采矿权人开采完毕注销采矿许可证前，应当缴清采矿权出让收益。因国家政策调整、重大自然灾害和破产清算等原因注销采矿许可证的，采矿权出让收益按照采矿权实际动用的资源储量进行核定，实行多退少补。

第三章　缴　款

第十九条　征收机关依据出让合同开具缴款通知书，通知矿业权人缴款。矿业权人在收到缴款通知书7个工作日内，按缴款通知及时缴纳矿业权出让收益。分期缴纳矿业权出让收益的矿业权人，首期出让收益按缴款通知书缴纳，剩余部分按矿业权出让合同约定的时间缴纳。

第二十条　在政府收支分类科目收入分类 103 类"非税收入" 07 款"国有资源（资产）有偿使用收入" 14 项"矿产资源专项收入"（1030714 项）科目下，增设"探矿权、采矿权出让收益"（103071404 目），中央与地方共用收入科目，反映按《国务院关于印发矿产资源权益金制度改革方案的通知》（国发〔2017〕29 号）征收的矿业权出让收益。

2017 年 6 月 30 日前已缴纳的"探矿权、采矿权价款收入"仍在"探矿权、采矿权价款收入"（103071403 目）科目反映。

第二十一条　矿业权出让收益收缴按照相关规定办理。

第二十二条　已上缴中央和地方财政的矿业权出让收益，因多缴、政策性关闭等原因需要办理退库的，分别按照财政部和省级财政部门的规定执行。

第四章　监　管

第二十三条　各级财政部门和矿产资源主管部门应当切实加强矿业权出让收益征收监督管理，按照职能分工，将相关信息纳入勘查开采信息公示系统，适时检查矿业权出让收益征收情况。

第二十四条　矿业权人未按时足额缴纳矿业权出让收益的，县级以上矿产资源主管部门按照征收管理权限责令改正，从滞纳之日起每日加收千分之二的滞纳金，并将相关信息纳入企业诚信系统。加收的滞纳金应当不超过欠缴金额本金。

矿业权人存在前款行为的，县级以上财政部门应当依照《财政违法行为处罚处分条例》予以处理处罚。

第二十五条　各级财政部门、矿产资源主管部门及其工作人员，存在未按规定的预算级次和分成比例将矿业权出让收益及时足额缴入国库、滥用职权、玩忽职守、徇私舞弊等违法违纪行为的，按照《预算法》《公务员法》《行政监察法》《财政违法行为处罚处分条例》等有关规定追究相应责任；涉嫌犯罪的，移送司法机关处理。

第二十六条　相关中介、服务机构和企业未如实提供相关信息，造成矿业权人少缴矿业权出让收益的，由县级以上矿产资源行政主管部门会同有关部门将其行为记入企业不良信息；构成犯罪的，依法追究刑事责任。

第五章 附 则

第二十七条 各省、自治区、直辖市人民政府可以根据本办法制定具体实施办法。

第二十八条 本办法由国务院财政部门和矿产资源主管部门负责解释。

第二十九条 本办法自 2017 年 7 月 1 日起施行。